1인 출판 성공 전략!

iBooks Author

아이북스 오서

eBook 셀러 되기

글 | 안창현, 문병준, 문택주, 이재일

초판 발행 2012년 6월 4일

STAFF

author 안창현, 문병준, 문택주, 이재일

director design Micky Ahn

main design 장민서

editor 안창현, 문병준

ISBN 978-89-94178-45-5 13000

펴낸이 안창현
펴낸곳 코드미디어
등록 2001년 3월 7일   등록번호 제 25100-2001-5호
주소 서울시 은평구 갈현1동 419-19 1층
전화 02-6326-1402 팩스 02-388-1302
전자우편 codmedia@codmedia.com

정가 17,000원

스마트 톡톡
다섯 번째 이야기

스마트 톡톡은
보다 쉽고 재미있게 학습할 수 있도록 도와주는
코드미디어의 컴퓨터 도서 시리즈입니다.
이번에 아이북스 오서 매뉴얼 도서를
스마트 톡톡 네 번째 도서를 출간했습니다.

이 도서의 기획은 2012년 봄 애플에서 전자 교과서를 출시와 함께
내놓은 아이북스 오서 출시와 함께 시작되었습니다.

무료로 제공하는 이 툴은 누구나 쉽게 배울 수 있으며
다양한 멀티미디어 기능도 제공하여
누구나 멋진 전자 도서를 제작할 수 있습니다.
무엇보다도 전자 도서의 대중화의 신호탄이 되리라는 예견에서
도서 기획을 하게 되었습니다.

이 도서는 아이북스 오서를 이용하여 전자 도서를
제작할 수 있는 방법을 쉽게 풀어 놓았습니다.

모쪼록 독자 여러분이 이 도서를 통해
나만의 도서를 만들 수있기를 기원합니다.

도서 구성 살펴보기

이 도서는 주제별로 5개의 파트로 분류했으며 각 파트는 여러 개의 따라하기 구성의 섹션으로 구성되어 있습니다. 각 파트에는 어떤 내용이 담겨 있는지 알아보겠습니다.

첫 번째 파트인 [전자 도서에 대해서]는 전자 도서 제작에 앞서 전자 도서가 무엇인지 소개하는 파트입니다. 전자 도서의 정의와 전자 도서를 제작할 때 준비해야 할 사항들이 무엇인지 배울 수 있습니다.

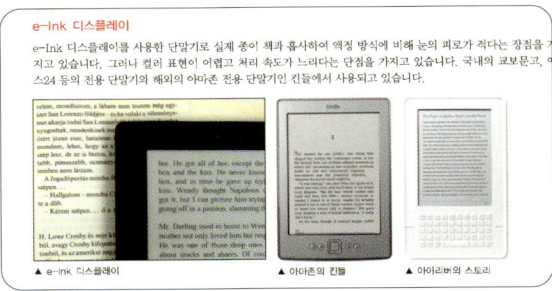

두 번째 파트인 [아이북스 오서 기본 작업]는 아이북스 오서 설치부터 아이북스 오서로 도서 제작하는 가장 기본적인 기능에 대해서 배워보는 파트입니다. 아이북스 오서의 도서 구성 방법과 글과 그림을 삽입하는 방법에 대해서 배울 수 있습니다.

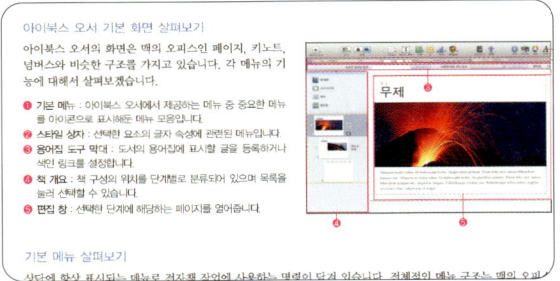

세 번째 파트인 [미디어와 위젯 편집 작업]는 아이북스 오서의 가장 큰 특징인 멀티미디어 요소 삽입과 다양한 동적 효과를 연출할 수 있는 위젯 삽입 방법을 소개하는 파트입니다. 이 기능을 배워두면 여러분의 전자 도서를 멋지게 꾸밀 수 있습니다.

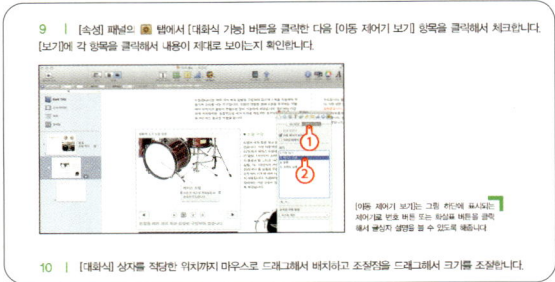

네 번째 파트인 [레이아웃 편집 작업]은 아이북스 오서에서 제공하는 템플릿을 편집하여 나만의 레이아웃으로 만드는 방법을 소개하는 파트로 개성있는 레이아웃을 꾸미는 방법을 소개합니다. 무척 중요한 파트로 멋진 도서 편집을 하려면 잘 알아두어야 합니다.

다섯 번째 파트인 [전자 도서 출판 작업]은 제작한 전자 도서를 애플 북스토어에 올리고 출판하는 방법을 소개하는 파트입니다. 애플 북스토어에 도서를 올리는 과정을 자세하게 소개해두었기 때문에 영문 홈페이지에 익숙하지 않은 분도 쉽게 작업할 수 있을 것입니다.

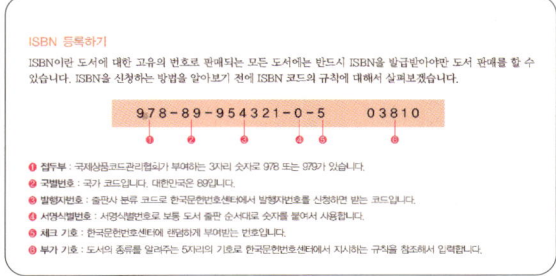

각 섹션은 따라하기로 구성되어 있는데 각 따라하기 과정에서 도움되는 정보를 팁 정보로 표시하였고 보다 자세한 팁 정보는 [BOX] 요소로 소개하였습니다. 학습 중에 팁 정보도 놓치지 마세요.

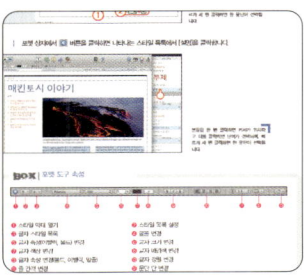

도서 예제 다운로드 받기

본 도서에서 사용된 예제는 코드미디어 카페(http://cafe.naver.com/codmedia)에 접속하면 다운로드받을 수 있습니다.

Contents

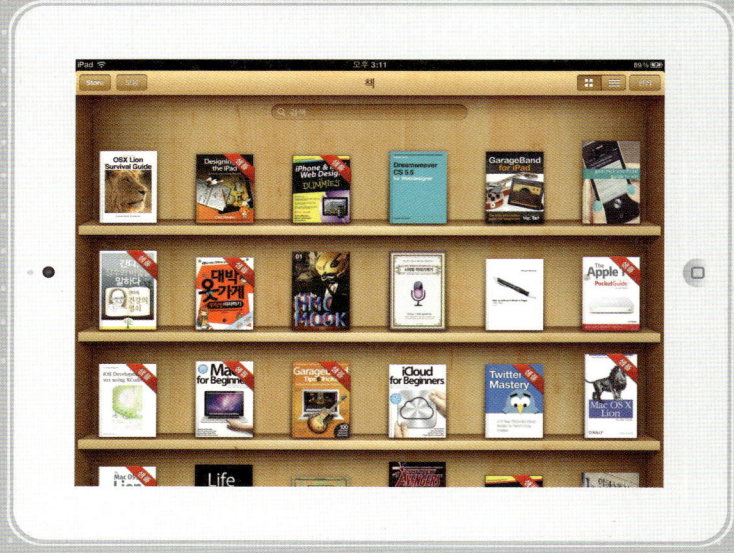

PART01

전자책의 모든 것

Contents

워드프로세서처럼 글과 그림을 삽입해서
문서를 꾸밀 수 있습니다.

그림 틀에 새 그림을 삽입해서 자유롭게
그림을 배치해서 꾸밀 수 있습니다.

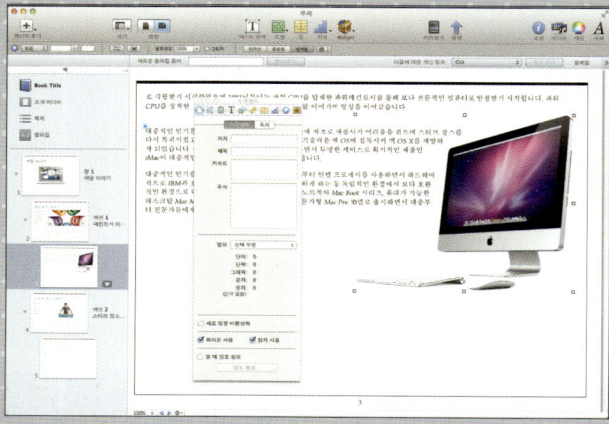

그림의 배경을 투명하게 처리하여 글과 그림이
어울러지게 꾸밀 수 있습니다.

PART02

아이북스 오서 기본 작업

Contents

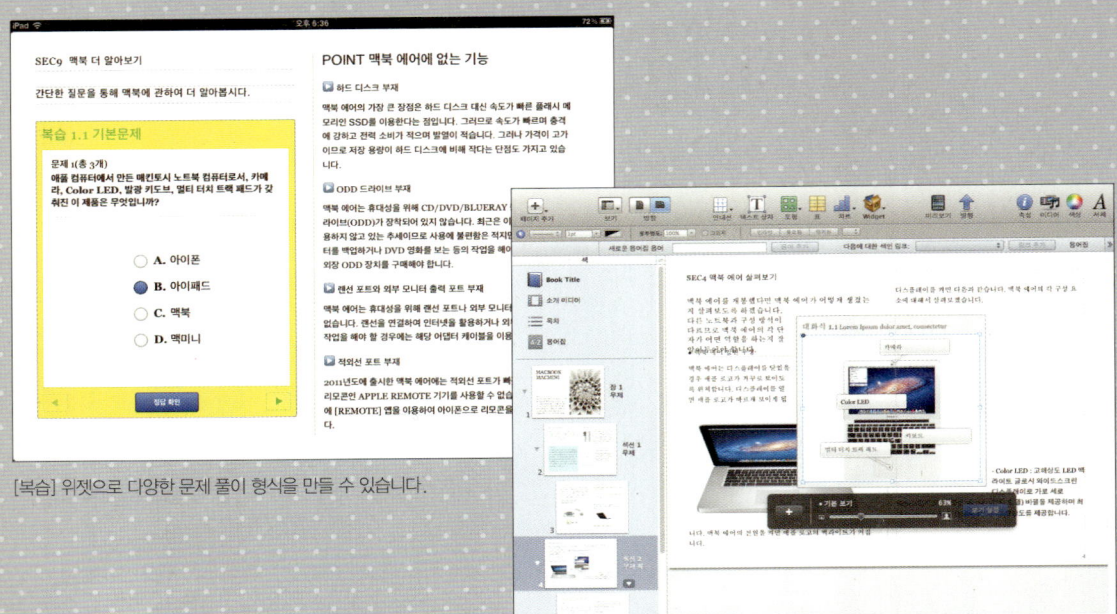

[복습] 위젯으로 다양한 문제 풀이 형식을 만들 수 있습니다.

[대화식 이미지] 위젯으로 자세한 설명 형식을 만들 수 있습니다.

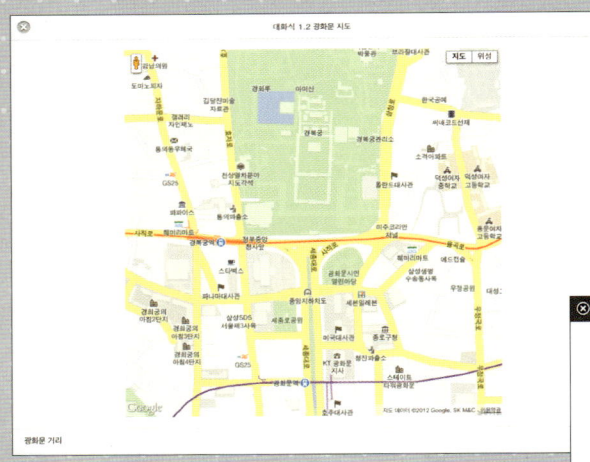

[HTML] 위젯으로 지도 API를 삽입해서 지도를 표시할 수 있습니다.

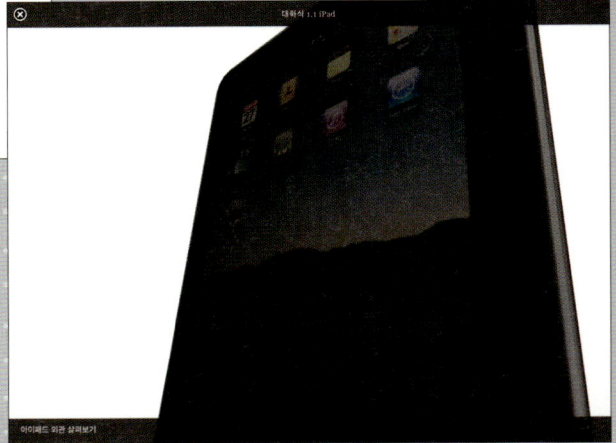

[3D] 위젯으로 3차원 이미지를 표시할 수 있습니다.

PART03

미디어와 위젯 편집 작업

Contents

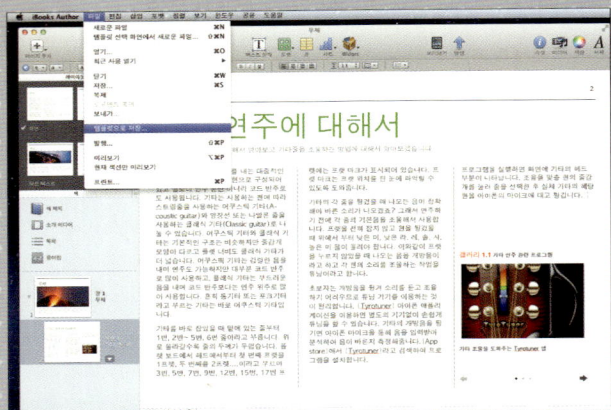

템플릿을 내마음대로 편집할 수 있습니다.

장, 섹션 레이아웃도 마음대로 편집할 수 있습니다.

페이지와 페이지 사이에 이미지를 겹치게 꾸밀 수 있습니다.

PART04

레이아웃 편집 작업

Contents

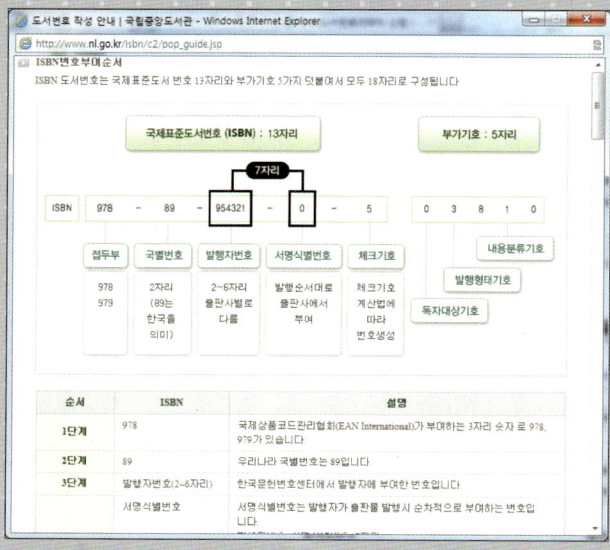

[한국문헌번호센터]에서 출간할 전자 도서에 대해 ISBN을 발급 받습니다.

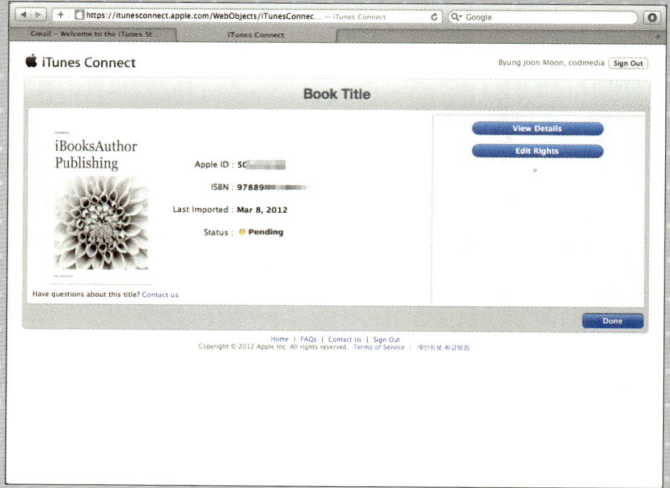

[iTunes Producer]로 출간 도서를 애플 북스토어에 출판할 수 있습니다.

PART05

전자책 출판 작업

Special / 아이북스 오서 요약북   **181**

1

전자책의 모든 것

전자책에
대해서

전자책이라는 단어는 매스컴에서 자주 들을 수 있습니다. 전자책 제작에 앞서 전자책이 무엇이고 전자책의 특징에 대해서 알아보도록 하겠습니다.

전자책은 문자나 이미지 등의 정보를 전자 매체에 기록하여 도서처럼 볼 수 있도록 해주는 디지털 도서로 이북(e-book)이라고도 부릅니다. 전자책을 보려면 도서의 내용을 전자 매체로 볼 수 있도록 데이터 형식으로 제작해야 하고 소비자가 제작한 데이터를 열어 볼 수 있는 전자책 단말기를 이용해야 합니다. 전자책 데이터는 보통 온라인 서점에서 제공하는 추세입니다. 예를 들어 교보문고는 등록된 도서를 전자책으로 제공하여 교보문고에서 제공하는 전자책 리더가 탑재된 단말기를 이용하여 도서를 볼 수 있도록 하였고, 아마존(Amazon)은 자체 개발한 킨들(Kindle) 단말기를 이용하여 도서를 볼 수 있습니다.

▲ 교보문고 eBook   ▲ 교보 eReader

또는 해당 서점에서 제공하는 도서를 볼 수 있는 리더 프로그램을 제공하여 아이폰, 아이패드 및 갤럭시탭 등 스마트 기기에서도 볼 수 있도록 지원하기도 합니다.

▲ 아이패드에서 교보문고의 전자책을 볼 수 있는
　[교보 eBook] 앱

▲ 아이패드에서 아마존의 전자책을 볼 수 있는
　[Kindle] 앱

최근에 전자책이 큰 이슈로 부각되고 있고 많은 사용자들이 전자책에 관심이 늘어가고 있습니다. 전자책이 이슈가 되는 큰 이유는 출판사에서 종이 책으로 제작했을 때 들었던 비용에 비해 무척 저렴한 비용으로 도서를 제작할 수 있고 보다 다양한 방법의 마케팅과 판매를 할 수 있다는 점입니다. 비용 절감은 출판사 뿐만 아니라 서점과 소비자들을 모두 만족하게 만들어 주기 때문에 큰 장점으로 떠오르고 있으며 이러한 장점은 일반인이 도서 제작에 대한 참여를 높게 만드는데도 기여하고 있습니다. 애플의 전자책 저작 도구인 [iBooks Author]도 누구나 사용할 수 있고 쉽게 출판할 수 있도록 구성되어 있는 것도 이러한 분위기를 잘 나타나고 있음을 알 수 있습니다.

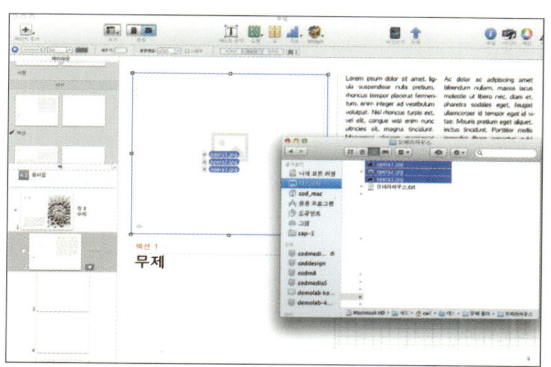

▲ [iBooks Author] 프로그램을 이용하여 애플의 전자책을 제작할 수 있습니다.

또한 전자책 단말기에 여러 권의 도서를 담을 수 있고 디지털 기능을 이용하여 다양한 기능을 활용할 수 있습니다. 이미지, 동영상 등 멀티미디어 요소를 삽입해서 정적인 종이 도서보다 재미있는 학습을 할 수 있습니다. 이러한 특징 때문에 전자책을 교과서로서 활용하기에 적합합니다. 2012년에 애플이 본격적으로 디지털 교과서 사업에 뛰어든 것은 큰 화제를 불러 일으켰으며 국내에서도 디지털 교과서 사업을 촉진하는 계기가 되었습니다.

▲ 애플의 [iBooks Store]에서 제공하는 디지털 교과서

02

전자책 단말기
종류 살펴보기

전자책 단말기는 전자책 도서 데이터를 다운로드받아서 액정에 표시해주는 기기입니다. 전자책 단말기에는 디스플레이 종류에 따라 e-Ink와 액정으로 나눌 수 있습니다. 각각의 기기의 특징에 대해서 알아보겠습니다.

e-Ink 디스플레이

e-Ink 디스플레이를 사용한 단말기로 실제 종이 책과 흡사하여 액정 방식에 비해 눈의 피로가 적다는 장점을 가지고 있습니다. 그러나 컬러 표현이 어렵고 처리 속도가 느리다는 단점을 가지고 있습니다. 국내의 교보문고, 예스24 등의 전용 단말기와 해외의 아마존 전용 단말기인 킨들에서 사용되고 있습니다.

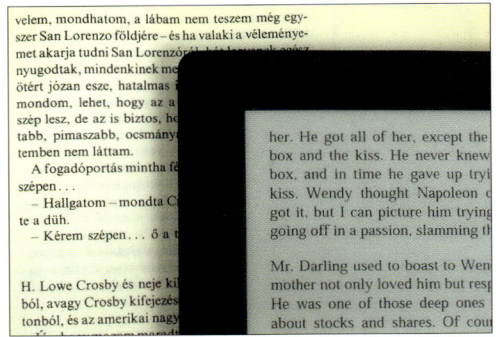

▲ e-Ink 디스플레이

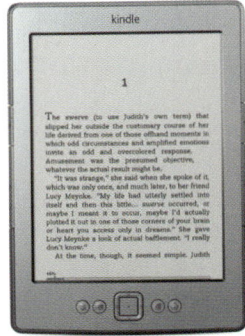

▲ 아마존의 킨들

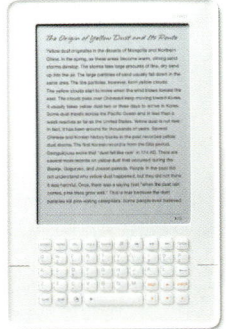

▲ 아이리버의 스토리

액정 디스플레이 단말기

LCD 등의 액정 디스플레이로 제작된 단말기로 전자책 전용 단말기보다는 스마트 기기를 이용하는 경우가 많습니다. 액정 디스플레이는 컬러 표현이 쉬워 잡지나 멀티미디어 도서를 보기에 적합하지만 백라이트로 인한 눈부심이 있어 장시간 볼 경우 눈의 피로감이 높다는 단점을 가지고 있습니다. 아이폰, 아이패드, 갤럭시탭 등의 스마트 기기에서 [교보 eBook], [Kindle], [Textore], [iBooks] 등의 전자책 보기 앱을 설치해서 사용하거나 아마존의 [킨들 파이어]가 여기에 속합니다.

▲ 킨들 파이어

▲ 태블릿 PC [갤럭시탭]

03 전자책 도서 데이터 종류 알아보기

전자책에서 사용하는 데이터는 크게 ePUB와 PDF가 있습니다. 각 데이터의 특징에 대해서 알아보겠습니다.

ePUB

ePUB(Electronic PUBlication)은 국제디지털출판포럼(International Digital Publishing Forum)에서 제정한 전자책의 기술 표준으로 전자책 업체가 이 포맷을 채택하여 전자책 콘텐츠를 생산하고 있습니다. ePUB은 HTML과 CSS, JAVASCRIPT 파일로 구성된 압축 파일로 구성되어 있어서 화면 크기에 대한 최적화할 수 있고 글자 크기와 색상 등 글자 속성을 변경할 수 있습니다.

ePUB은 다양한 기능을 추가하여 꾸준히 버전업되고 있는데 2011년 2월 국제디지털출판포럼에서 발표한 ePUB3는 HTML5, CSS3, 음성 출력, 미디어 오버레이 등의 기능이 추가되어 텍스트와 이미지 위주의 표현의 한계를 넘어 섰습니다. 애플의 [iBooks] 애플리케이션은 ePUB3.0을 지원하여 앱 방식의 도서처럼 멀티미디어 도서를 만들 수 있습니다. ePUB은 현재 국내와 국외에서 가장 많이 사용하는 전자책 포맷입니다. 단, 아마존은 AZW, KF8 등 독자적인 포맷 데이터를 사용하고 있습니다.

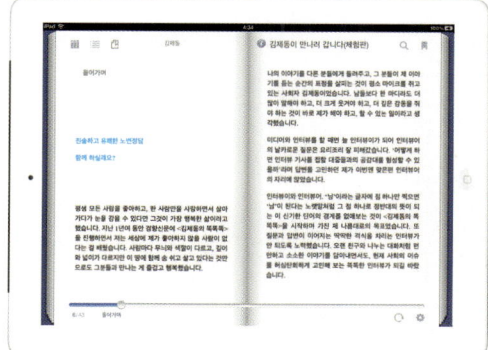

▲ ePUB 방식의 도서

▲ ePUB3 방식의 도서

PDF

PDF(Portable Document Format)는 미국 어도비시스템즈(Adobe Systems)에서 만든 문서파일 형식입니다. 다양한 문서 형식을 PDF 파일 형식으로 변환할 수 있으며 애크로뱃리더가 있으면 어디서든지 문서를 열 수 있다는 장점을 가지고 있습니다. 전자책 서비스에서는 이미지가 많은 잡지 등을 원본 그대로 불러올 때 많이 사용하는 형식입니다. PDF는 문서가 이미지처럼 처리되기 때문에 ePUB과 달리 글자 속성을 변환할 수 없으며 파일 크기가 크다는 단점을 가지고 있습니다. 대부분의 전자책 단말기에서 PDF 문서를 불러 올 수 있으며 온라인 전자책 서점에서는 잡지 등의 도서에서 PDF 파일 형식을 지원합니다.

▲ [교보 e-book]에서 제공하는 전자책은 PDF 또는 ePUB 두 가지 방식을 지원합니다.

▲ PDF로 구성된 전자책은 두 손가락으로 벌려서 화면을 확대할 수 있습니다.

ePUB 전자책과 앱 전자책 특징 살펴보기

전자책을 이용하는 방식에는 전자책 전용 단말기 또는 전자책 서비스 애플리케이션을 이용하여 ePUB 전자책을 다운로드해서 보는 방법과 애플의 iOS 또는 구글의 안드로이드 기반의 스마트 기기에서 앱 방식의 전자책을 다운로드해서 보는 방법이 있습니다.

ePUB 전자책

이 방식은 ePUB 전자책을 볼 수 있도록 제작한 애플리케이션을 이용하여 전자책을 열어 볼 수 있습니다. ePUB 기능을 이용하여 글자 크기, 글꼴, 색상 등의 속성을 자유롭게 바꿀 수 있고 텍스트를 음성으로 변환하거나 가로 보기를 이용하여 펼침면 보기 기능도 지원합니다. 그러나 멀티 터치를 이용하여 화면을 자유롭게 확대하는 기능은 제공하지 않습니다. 전용 ePUB 도서 보기 단말기인 아이리버의 스토리와 아이폰, 아이패드, 갤럭시 등의 스마트 기기에서 [교보 ebook], [인터파크 전자책], [예스24 eBook] 등의 애플리케이션을 설치해서 해당 서점에서 제공하는 ePUB 전자책을 다운로드받아서 볼 수 있습니다. 아이폰, 아이패드에서 제공하는 [iBooks]도 대표적인 ePUB 전자책 보기 애플리케이션으로 애플에서 제공하는 ePUB 도서를 볼 수 있습니다.

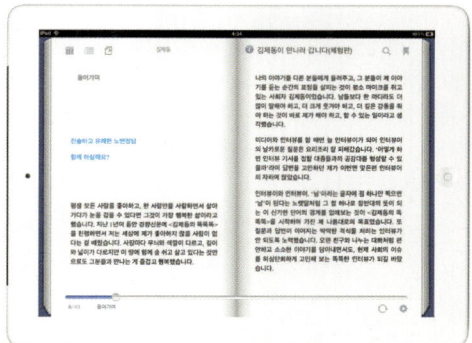

▲ [교보 ebook]의 ePUB 방식의 도서

앱 방식의 전자책

앱 방식의 전자책은 도서를 앱 개발 방식으로 제작해서 제공하는 전자책입니다. ePUB 전자책처럼 ePUB 보기 애플리케이션을 이용하지 않고 애플의 iOS 또는 구글의 안드로이드 기반의 스마트 기기에서 제공하는 앱 스토어 또는 마켓에서 전자책 앱을 다운로드받아서 볼 수 있습니다. 특정 규칙을 이용하지 않아 자유로운 형태의 도서를 만들 수 있으므로 ePUB 전자책보다 멀티미디어 요소를 잘 살릴 수 있기 때문에 동화책, 잡지 등의 전자책 서비스에 많이 이용됩니다. 그러나 ePUB 방식보다 제작이 어렵고 애플의 iOS 또는 구글의 안드로이드 기반에 맞게 따로 제작해야 하는 불편함을 가지고 있습니다.

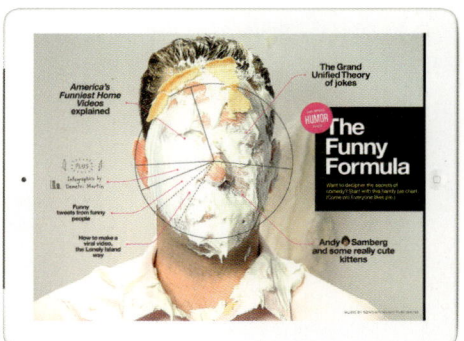

▲ 멀티미디어 요소가 매력적인 [Wired] 월간 잡지 앱

05
애플 전자책
제작 준비물 살펴보기

애플에서 제공하는 전자책을 제작할 때 필요한 준비물에 대해서 알아보겠습니다. IBM PC를 사용하지 않고 아이패드와 MAC PC 환경에서 작업한다는 점에 주의하도록 합니다.

아이패드

[아이북스 오서]로 제작한 도서는 아이패드에서만 볼 수 있습니다. 그리고 [아이북스 오서]로 전자책을 제작할 때 제작한 저작물이 아이패드에 어떻게 나타나는지 미리보기를 실행할 수 있는데 이때 아이패드가 MAC PC에 연결되어 있어야만 미리보기를 할 수 있으므로 아이패드가 꼭 필요합니다.

아이북스

아이북스는 애플에서 제공하는 전자책을 구매하거나 볼 수 있도록 해주는 애플리케이션으로 아이폰, 아이패드에서 설치할 수 있습니다. ePUB 도서와 PDF 문서를 불러올 수 있습니다. [Store]에 접속하면 전세계에서 등록한 도서들을 다운로드받아서 볼 수 있습니다.

아이북스 오서

[아이북스 오서]는 애플의 [아이북스]용 도서를 제작할 수 있도록 해주는 전자책 저작 프로그램입니다. 파워포인트처럼 페이지별로 작성할 수 있고 워드프로세서처럼 제작하기 쉬워 누구나 쉽게 배울 수 있습니다. 단! [아이북스 오서]는 MAC PC에서만 동작하며 운영체제도 OS X 10.7.2 이상에서 설치가 가능합니다.

MAC PC

[iBooks Author] 프로그램은 MAC PC에서만 동작하므로 애플 전자책을 제작하려면 맥 PC가 반드시 필요합니다. 부피가 작고 가격이 저렴한 [Mac Mini], 휴대가 편리한 노트북인 [Mac book], 모니터와 일체형 PC인 [iMac] 중에 자신에게 알맞은 기기를 선택합니다.

▲ Mac Mini

▲ Mac book

▲ iMac

06

아이북스 오서가 좋은
5가지 이유 살펴보기

아이북스 오서는 애플의 전자책 도서를 제작해주는 프로그램입니다. 아이북스 오서 사용법을 배우기에 앞서 아이북스 오서가 편리한 점에 대해서 살펴보겠습니다.

초보자도 쉽게 만들 수 있다!

[아이북스 오서]는 특별한 지식을 가지고 있지 않아도 누구나 쉽게 도서를 제작할 수 있도록 쉬운 인터페이스를 제공합니다. 파워포인트와 구조가 유사하여 사용법을 쉽게 이해할 수 있고 클릭만으로도 빠른 도서 제작을 할 수 있습니다.

템플릿을 이용하여 빠르게 도서를 제작한다!

[아이북스 오서]는 기본적으로 6개의 템플릿을 제공하여 사용자가 만들고 싶은 도서의 레이아웃과 비슷한 템플릿을 선택해서 보다 빠르게 도서를 제작할 수 있도록 해줍니다. 그리고 사용자가 레이아웃을 수정하여 나만의 템플릿도 만들 수 있습니다.

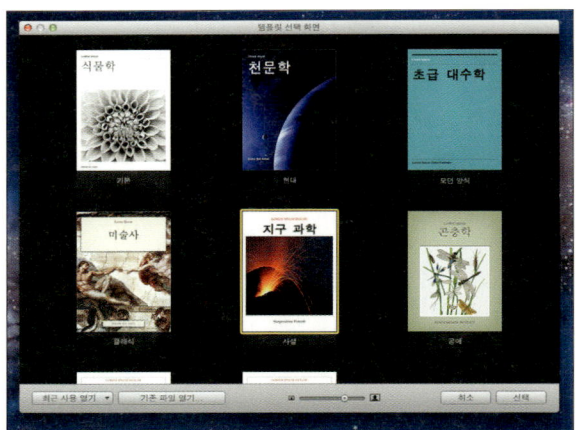

요소 자료를 드래그해서 빠르게 추가한다!

[아이북스 오서]는 기본적으로 요소 드래그 삽입 기능을 제공하여 도서에 삽입할 텍스트, 이미지, 동영상 등의 자료를 메뉴 클릭없이 바로 드래그해서 문서에 삽입할 수 있도록 해줍니다.

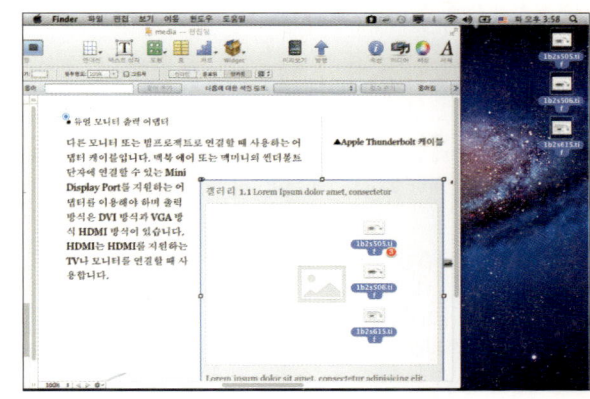

위젯으로 멀티미디어 도서를 만든다!

[아이북스 오서]는 도서에서 자주 사용하는 멀티미디어 요소를 위젯 형식으로 제공하여 사용자가 사용할 위젯을 선택해서 손쉽게 도서에 삽입해서 멀티미디어 도서를 만들 수 있도록 해줍니다. 여러 장의 이미지를 넘겨 볼 수 있는 [갤러리], 멀티미디어 삽입 기능인 [미디어], 문제 풀이 기능인 [복습], 프레젠테이션 문서를 삽입 기능인 [Keynote], 이미지 부연 설명 기능인 [대화식 이미지], 3D 요소를 삽입 기능인 [3D], 다른 위젯 프로그램 삽입 기능인 [HTML] 위젯을 기본적으로 제공합니다.

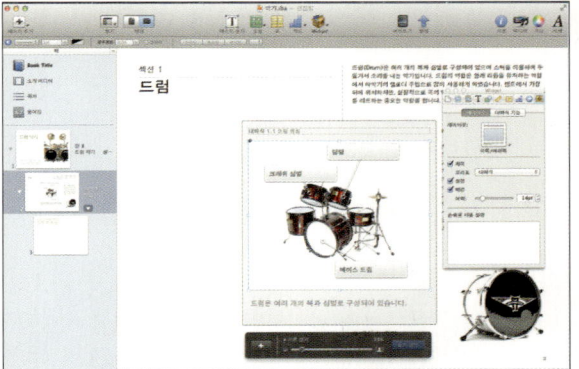

미리보기와 출판도 쉽다!

MAC PC에 아이패드를 연결하면 제작한 도서가 아이패드에 어떻게 나타나는지 미리보기를 할 수 있고 [발행] 버튼을 누르면 바로 [아이튠즈 프로듀서]로 연결하여 손쉽게 [iBookStore]에 도서를 올릴 수 있도록 해줍니다.

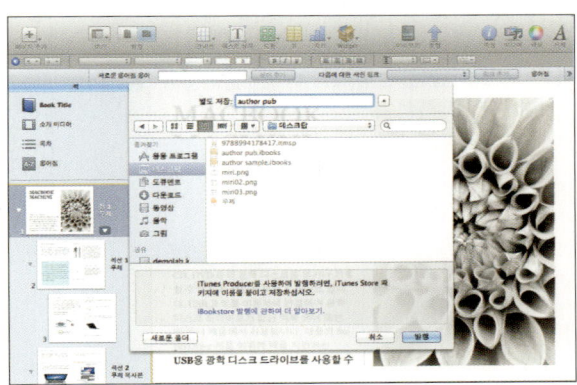

국내외에서 사용할 수 있는 애플 계정 만들기

애플 계정은 애플의 아이패드와 MAC PC의 [App Store]와 [iBookStore]를 이용하기 위해서 반드시 필요합니다. 애플 계정은 국내 계정과 국외 계정을 함께 등록해야 하는데 각각 설정하는 방법에 차이가 있으므로 잘 알아두도록 합니다.

아이튠즈 설치하는 방법

[아이튠즈]는 아이폰, 아이팟 터치, 아이패드 등 애플 기기에 연결하여 자료를 관리하거나 애플 계정 생성 및 관리해주는 기능을 하는 프로그램입니다. [iTunes] 홈페이지(http://www.apple.com/kr/itunes)에 접속한 후 무료 다운로드 버튼을 클릭해서 아이튠즈를 무료로 다운로드 받을 수 있습니다.

국내 애플 계정 등록하는 방법

애플의 애플리케이션을 설치하려면 반드시 애플 계정을 설정해야 합니다. 아이튠즈에서 [Store]-[계정 생성] 메뉴를 클릭해서 계정을 설정할 수 있습니다. 계정 신청때 사용하는 아이디는 이메일 주소이므로 자신이 사용하는 안정적인 이메일 서비스 계정을 이용하도록 하고 비용 청구에 대한 신용카드 설정 과정은 바르게 등록하도록 합니다. 아이북스 오서로 만든 전자책을 출판할 때 신용카드를 정상적으로 등록하지 않은 계정은 사용할 수 없으므로 주의하도록 합니다.

국가별 계정을 등록해야 하는 이유

신청한 애플 계정은 [App Store]나 [iBooks Store]에 접속할 수 있는데 이러한 스토어는 계정을 신청한 국가별로 나누어서 관리됩니다. 즉, 국내 계정으로 로그인하면 국내에서 운영하는 스토어에 제공하는 자료만 사용이 가능합니다. 특히 애플 전자책은 미국 계정이 가장 활발하게 운영되고 있기 때문에 미국 계정은 별도로 만들도록 합니다. 그리고 전자책을 만들고 국가별로 도서를 유통할 때 다른 국가에서 자신이 제공하는 도서가 어떻게 운영되는지 확인하려면 해당 국가 계정도 따로 등록하는 것이 좋습니다. 다른 국가의 애플 계정을 신청하려면 아이튠즈 하단에 표시되어 있는 국기 아이콘을 누르면 국가를 선택하는 페이지가 나타납니다. 이곳에서 국가를 선택한 후 계정 신청을 하면 해당 국가 계정을 만들 수 있습니다.

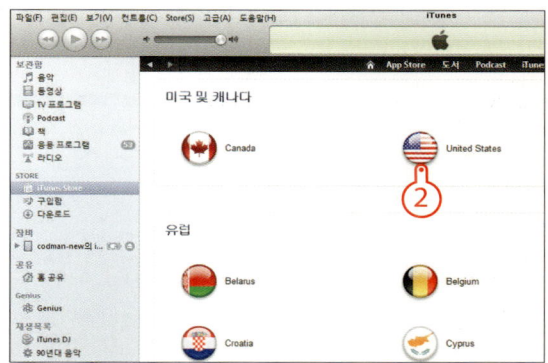

외국 애플 계정 등록시 주의사항

외국 계정을 신청할 때는 [iTunes Store] 페이지에서 무료 앱의 [무료] 버튼을 클릭하면 나타나는 로그인 창에서 [Apple ID 생성] 버튼을 클릭해서 계정을 신청합니다. 이 방법으로 계정을 신청해야 신용카드 등록없이 계정 신청을 할 수 있습니다. 국내 신용카드는 해외에서 사용하지 못하므로 계정 등록 과정에서 신용카드 등록시 오류가 발생합니다. 그러므로 신용카드 등록 과정에서 [지불 방법]을 [없음]을 선택해서 계정 신청하도록 합니다.

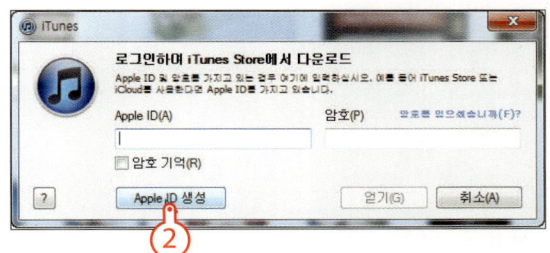

애플 전자책을 볼 수 있는
아이북스 설치하기

아이북스는 아이패드에 기본으로 설치되어 있는 프로그램이 아니므로 사용자가 [App Store]를 이용해서 직접 설치해야 합니다. 국가계정에 상관없이 무료로 설치할 수 있습니다.

1 | 아이패드에서 🔵 [App Store]을 실행한 다음 검색창에 'ibooks'를 입력해서 📖 [iBooks]를 찾아 프로그램을 설치합니다.

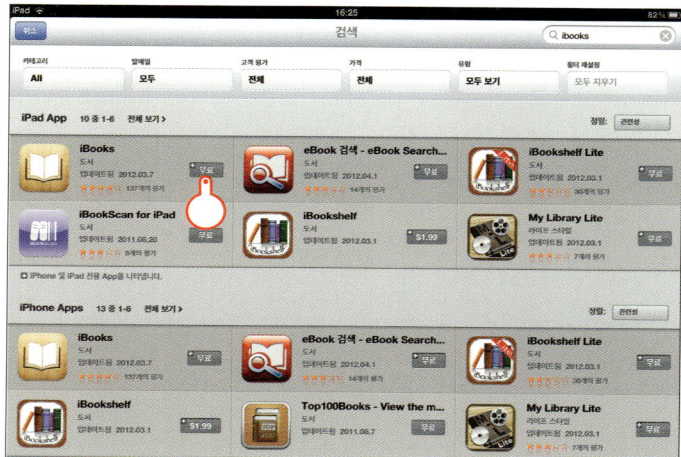

[iBooks]는 무료로 설치할 수 있습니다. [무료] 버튼을 눌러 설치합니다.

2 | 홈 화면에서 📖 [iBooks] 아이콘을 눌러 프로그램을 실행합니다.

[iBooks]를 실행하면 책보관함이 나타납니다. [Store]에서 도서를 구매하고 다운로드하면 보관함에 책이 등록됩니다.

09

아이북스로
ePUB 전자책 다운로드 받기

아이북스를 설치했다면 [iBooks Store]에 접속해서 전자책을 검색해서 다운로드 받고 도서를 열어 보는 방법에 대해서 알아보겠습니다. 이때 주의할 점은 국내 계정에서는 구매할 도서가 없으므로 미국 계정을 이용하여 접속해야 합니다.

1 | 아이패드에서 📖 [iBooks]를 실행한 다음 [Store] 버튼을 누릅니다.

[모음] 버튼을 눌러 [책]을 선택하면 ePUB 형식의 도서 목록이 나타나고 [PDF]를 선택하면 PDF 문서 목록이 나타납니다.

2 | [iBooks Store]가 열리면 페이지 하단으로 이동하여 [Apple ID]를 확인합니다. 국내 계정이라면 버튼을 누르고 [로그아웃] 버튼을 눌러 로그아웃 한 후 미국 계정으로 로그인합니다.

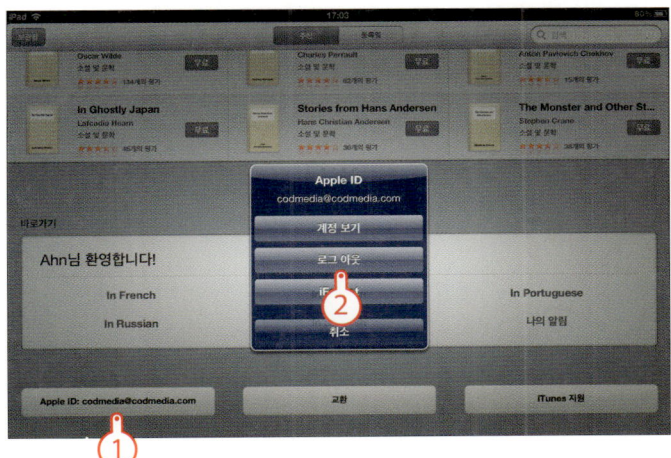

국내 계정에는 [iBooks Store]에 등록된 도서가 거의 없기 때문에 미국 계정으로 로그인해야 합니다.

3 | 검색창에 '헬로우마이컬렉션' 이라고 입력하고 [검색] 버튼을 누릅니다.

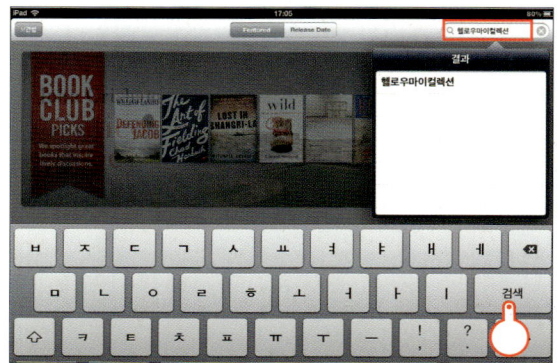

현재 국내 도서도 국내 계정의 [iBookStore]에 도서를 등록할 수 없습니다. 현재 한글 도서들은 미국 계정으로 등록된 도서이므로 미국 계정으로 로그인해서 도서를 검색해야 도서를 찾을 수 있습니다.

4 | 도서가 검색되면 [FREE] 버튼을 눌러 도서를 다운로드받습니다.

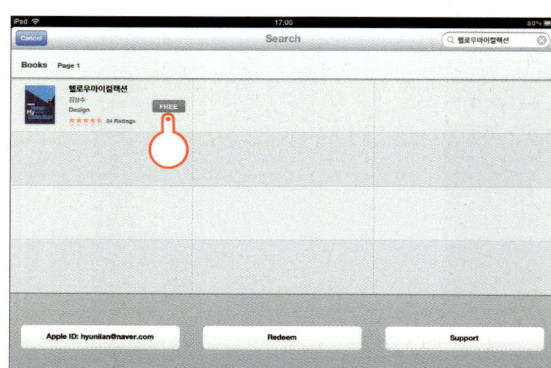

유료 도서의 경우에는 버튼에 [FREE]가 나타나지 않고 해당 도서의 가격이 나타납니다.

5 | 보관함 페이지에 도서가 나타납니다. 다운로드가 완료되면 도서 표지에 '신규' 라고 표시됩니다.

처음 받은 도서는 '신규' 라고 표시되고 도서를 한 번이라도 열면 '신규' 표시가 사라집니다.

6 | 도서 아이콘을 눌러 도서를 엽니다. 화면을 좌우로 드래그해서 페이지를 넘겨 볼 수 있습니다.

7 | 아이패드를 세로로 돌리면 세로 모드로 도서 내용을 볼 수 있습니다.

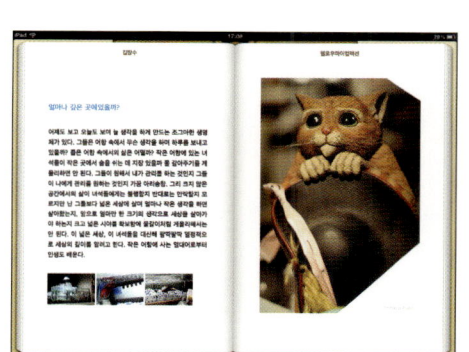 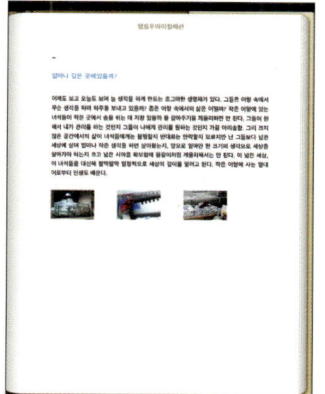

8 | 화면 가운데를 탭하면 메뉴가 표시됩니다. ᴬA 버튼을 누른 다음 **A** 버튼을 눌러 글자를 크게 확대해서 볼 수 있고 [테마] 버튼을 눌러 페이지 보기를 바꾸어서 볼 수 있습니다.

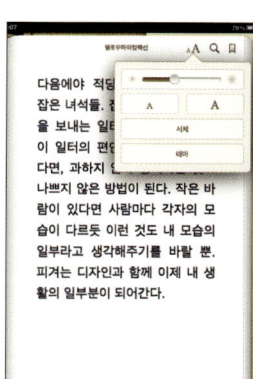 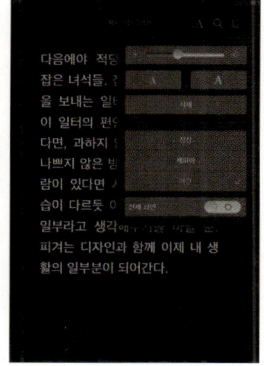

9 | 페이지 위치를 기록하고 싶은 경우 📑 버튼을 눌러 책갈피를 표시할 수 있습니다.

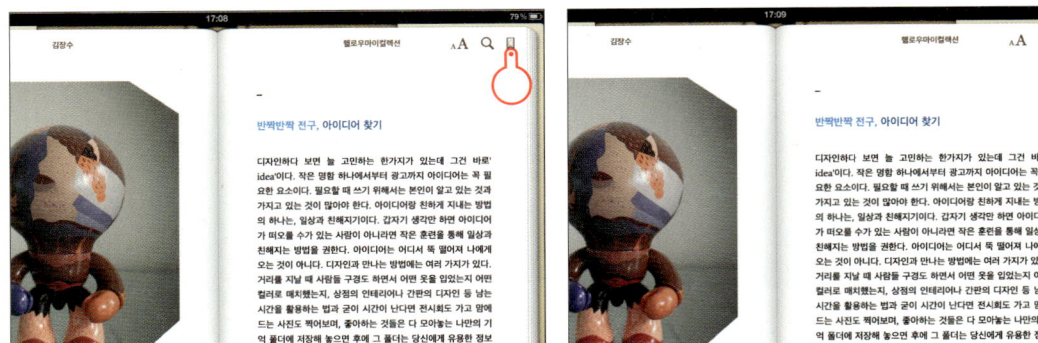

10 | 글을 손가락으로 길게 누르면 나타나는 영역 탭을 드래그해서 위치를 지정하면 해당 영역에 하이라이트 효과가 적용됩니다. 색상 지정 메뉴가 나타나면 적당한 색 목록을 눌러 글자에 색을 표시합니다.

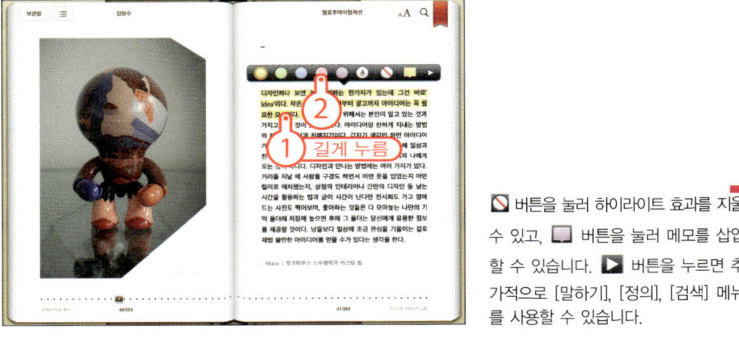

🚫 버튼을 눌러 하이라이트 효과를 지울 수 있고, 📝 버튼을 눌러 메모를 삽입할 수 있습니다. ▶ 버튼을 누르면 추가적으로 [말하기], [정의], [검색] 메뉴를 사용할 수 있습니다.

11 | 왼쪽 상단 메뉴에 위치해 있는 ☰ 버튼을 누르면 도서 목차를 볼 수 있고 [책갈피] 버튼을 누르면 기록한 책갈피 목록을, [메모] 버튼을 누르면 하이라이트를 표시한 글 내용을 확인할 수 있습니다.

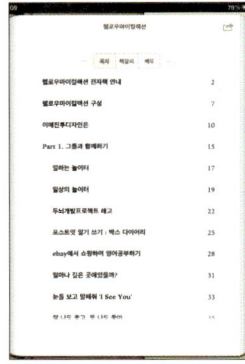
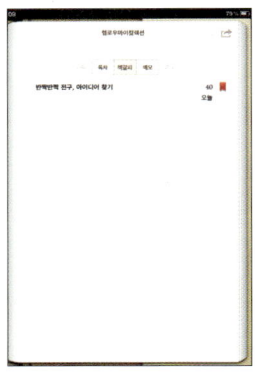
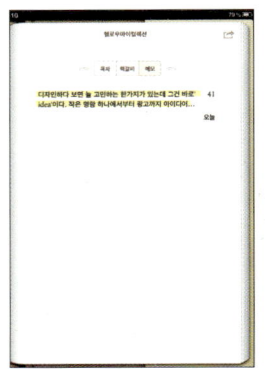

상단 메뉴에서 [보관함] 버튼을 누르면 도서 아이콘이 표시되어 있는 보관함 페이지로 이동됩니다.

10
아이북스로 ePUB3 전자책 열어 보기

[iBooks Store]에는 ePUB 도서 뿐만 아니라 ePUB3 도서가 함께 섞여 있습니다. 여기서는 대표적인 ePUB3 도서인 디지털 교과서 중 [E.O Wilson's Life on Earth] 도서를 다운로드 받아서 도서를 열어 보고 ePUB 도서와 어떤 차이가 있는지 살펴봅니다.

1   [iBooks Store]에 접속한 다음 [Catagory] 탭을 누릅니다. 도서 종류 목록에서 [Textbooks]를 누릅니다.

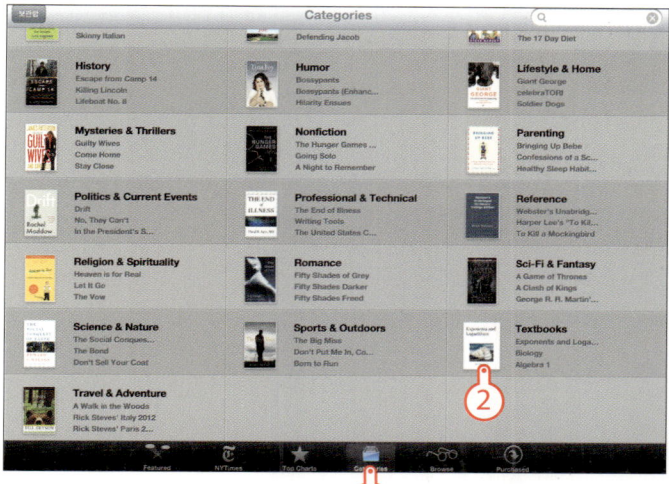

[Textbooks]는 전자 교과서로서 모든 콘텐츠가 ePUB3로 제작되어 있는 멀티미디어 북입니다.

2   [E.O Wilson's Life on Earth] 도서 목록을 누릅니다.

[E.O Wilson's Life on Earth]는 무료 도서로 한국 계정으로도 다운로드받을 수 있습니다.

3 | [FREE] 버튼을 눌러 도서를 다운로드 받습니다.

ePUB3으로 제작한 도서는 [Requirements]
항목에 iBooks2에서 열어 볼 수 있다는 메시
지가 표시되어 있습니다.

4 | 도서 다운로드가 완료되면 도서 아이콘을 눌러 도서를 엽니다.

아이북스 오서를 이용한 ePUB3
로 제작한 도서는 첫 화면에 동영
상을 삽입할 수 있습니다.

5 | 목차가 나타나면 보고 싶은 챕터를 누릅니다.

도서의 목차를 챕터별로
분류되어 있습니다.

6 | 문서가 열리면 문서로 좌우로 드래그해서 페이지를 넘겨 봅니다.

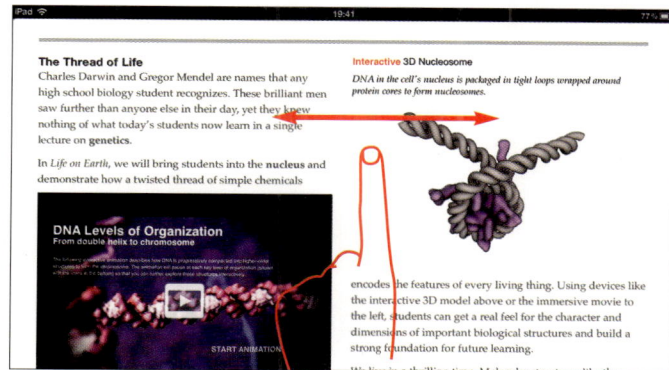

ePUB3로 제작한 도서는 가로 보기가 기본 보기 방식이며 동영상, 3D 등의 요소를 삽입한 멀티미디어 북을 꾸밀 수 있습니다.

7 | 아이패드를 세로로 돌리면 세로 보기로 도서를 볼 수 있습니다.

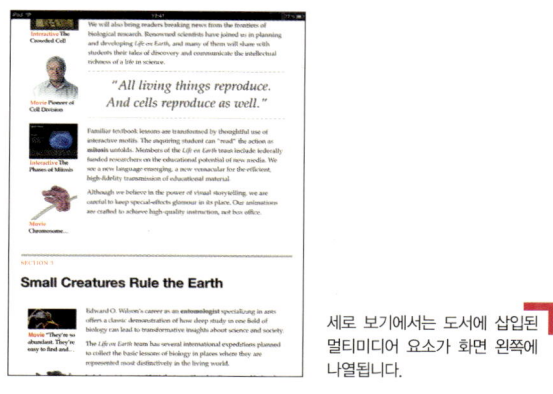

세로 보기에서는 도서에 삽입된 멀티미디어 요소가 화면 왼쪽에 나열됩니다.

8 | ☰ 버튼을 누른 다음 [용어집]을 선택하면 도서에 사용된 단어에 대한 용어집을 열어 볼 수 있습니다.

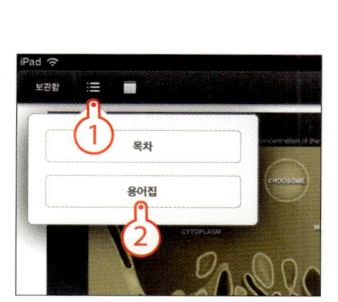

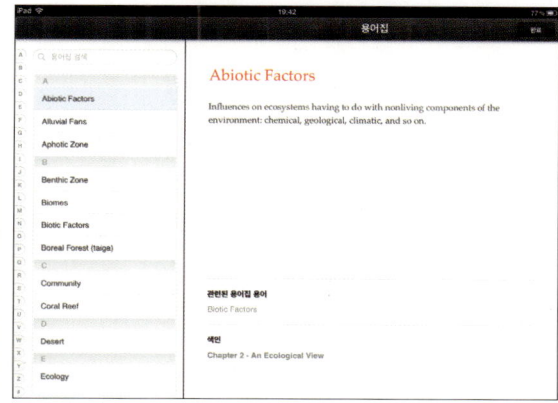

ePUB3 도서를 열었을 때 나타나는 메뉴는 용어집을 제외하고 ePUB 도서와 동일합니다.

2

아이북스 오서 기본 작업

01

아이북스
오서 설치하기

아이북스 오서는 아이북스의 전자책을 제작해주는 프로그램입니다. 아이북스 오서는 맥의 [App Store]를 통해 무료로 다운로드 받을 수 있습니다. 여기서는 프로그램을 다운로드 받는 방법에 대해서 알아보겠습니다.

1 | 맥을 실행한 다음 독 메뉴에서 ⊕ [App Store] 아이콘을 눌러 프로그램을 실행합니다.

맥 컴퓨터의 [App Store]는 맥에서 사용할 수 있는 프로그램을 다운로드 받을 수 있도록 해주는 프로그 램으로 아이폰, 아이패드의 [App Store]와 다릅니다.

2 | 검색창에 'ibooks author'을 입력한 후 Enter 를 누릅니다.

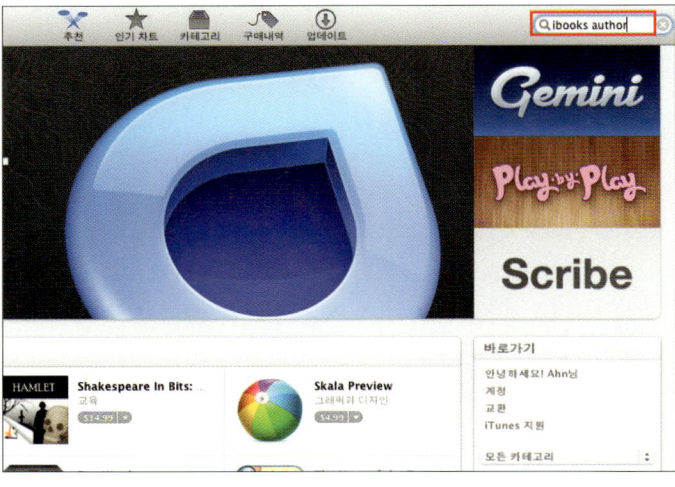

맥 컴퓨터의 [App Store]를 이용하기 위해서는 애플 아이디가 필요합니다. 아이디가 없다면 28쪽을 참고 해서 애플 아이디를 생성합니다.

3 | [iBooks Author] 항목의 [무료] 버튼을 눌러 프로그램을 설치합니다.

[iBooks Author]를 사용하려면 Mac OS X Lion 10.7.2이상이 설치되어 있어야만 합니다.

4 | 프로그램 설치가 완료되면 독 메뉴에서 🖥 [Finder]를 실행합니다. [응용 프로그램]에 📔 [ibooks Author] 아 이콘이 등록된 것을 볼 수 있습니다.

5 | 📔 [iBooks Author] 아이콘을 독으로 드래그해서 📔 [iBooks Author] 아이콘을 독에 등록해 둡니다.

독 메뉴는 항상 나타나는 아이콘 목록으로 자주 사용하는 프로그램 아이콘을 등록해서 사용합니다.

아이북스 오서 화면 구조 살펴보기

아이북스 오서의 화면 구조는 맥 PC의 다른 응용 프로그램과 매우 비슷한 구조를 가지고 있기 때문에 맥 PC의 응용 프로그램을 사용한 경험이 있다면 쉽게 사용할 수 있습니다. 각 메뉴의 기능이 무엇인지 잘 알아두도록 합니다.

문서 여는 방법

맥 PC의 독이나 [Finder]의 [응용 프로그램]에서 📝 [iBooks Author] 아이콘을 실행해서 프로그램을 실행할 수 있습니다. 프로그램을 실행하면 템플릿을 선택하는 화면이 나타나는데 이곳에서는 템플릿은 내용에 따라 다양하게 디자인되어 있는 목록으로 템플릿을 이용하면 보다 손쉽게 전자책 작업을 할 수 있습니다.

아이북 오서에서 문서를 여는 방법은 크게 3가지가 있는 각 방법에 대해서 알아보겠습니다.

❶ 템플릿으로 새 문서 열기 : 템플릿을 선택하고 [선택] 버튼을 클릭합니다.
❷ 기존에 작업했던 문서 열기 : [기존 파일 열기] 버튼을 클릭한 후 문서를 선택해서 엽니다.
❸ 최근에 작업한 문서 열기 : [최근 사용 열기] 버튼을 클릭하면 나타나는 최근에 작업한 문서 목록에서 선택합니다.

아이북스 오서 기본 화면 살펴보기

아이북스 오서의 화면은 맥의 오피스인 페이지, 키노트, 넘버스와 비슷한 구조를 가지고 있습니다. 각 메뉴의 기능에 대해서 살펴보겠습니다.

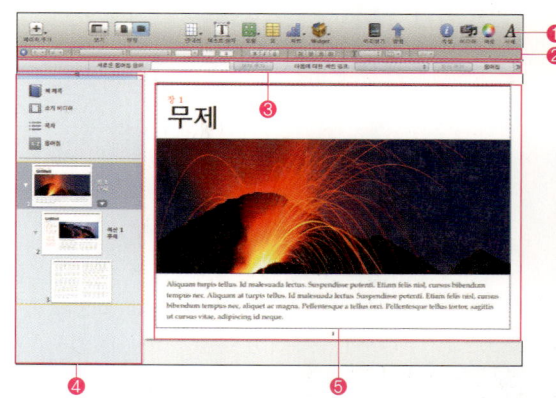

❶ **기본 메뉴** : 아이북스 오서에서 제공하는 메뉴 중 중요한 메뉴를 아이콘으로 표시해둔 메뉴 모음입니다.

❷ **스타일 상자** : 선택한 요소의 글자 속성에 관련된 메뉴입니다.

❸ **용어집 도구 막대** : 도서의 용어집에 표시할 글을 등록하거나 색인 링크를 설정합니다.

❹ **책 개요** : 책 구성의 위치를 단계별로 분류되어 있으며 목록을 눌러 선택할 수 있습니다.

❺ **편집 창** : 선택한 단계에 해당하는 페이지를 열어줍니다.

기본 메뉴 살펴보기

상단에 항상 표시되는 메뉴로 전자책 작업에 사용하는 명령이 담겨 있습니다. 전체적인 메뉴 구조는 맥의 오피스인 페이지, 키노트, 넘버스와 비슷합니다.

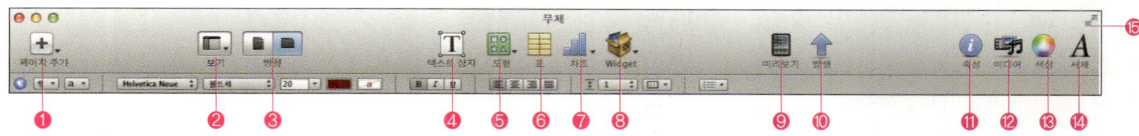

❶ **페이지 추가** : 선택한 위치에서 페이지를 추가합니다.

❷ **보기** : 메뉴 및 표시 방식을 보이거나 감춥니다.

❸ **방향** : 가로 보기 또는 세로 보기로 보기 방식을 변경합니다.

❹ **텍스트 상자** : 새로운 글상자를 추가합니다.

❺ **도형** : 도형을 추가합니다.

❻ **표** : 표를 추가합니다.

❼ **차트** : 차트를 추가합니다.

❽ **Widget** : 갤러리, 미디어, 복습, 키노트, 대화식 이미지, 3D, HTML 등의 요소를 추가합니다.

❾ **미리보기** : 작업한 문서를 아이패드에 연결해서 미리 보기를 실행합니다.

❿ **발행** : 작업한 문서를 애플 아이북스로 등록합니다.

⓫ **속성** : 선택한 요소의 속성을 변경합니다.

⓬ **미디어** : 이미지, 사운드, 동영상 요소를 추가합니다.

⓭ **색상** : 다양한 형태의 색상표를 이용하여 색을 선택할 수 있고 나만의 팔레트에 색을 등록할 수 있습니다.

⓮ **서체** : 글꼴, 크기와 글자색 등의 속성을 설정하여 글자에 적용합니다.

⓯ **전체화면** : 이 버튼을 눌러 창을 화면 전체로 띄웁니다.

03

템플릿 열고
창 크기 조절하기

아이북스 오서에서 제공하는 템플릿으로 문서를 열어 보고 맥 PC에서 제공하는 전체 창 열기를 이용하여 창을 전체 화면으로 여는 방법에 대해서 알아보겠습니다.

1 │ 맥PC의 독 메뉴에서 📓 [iBooks Author] 아이콘을 눌러 프로그램을 실행합니다. [템플릿 선택 화면]이 나타나면 적당한 템플릿 목록을 선택한 후 [선택] 버튼을 클릭합니다.

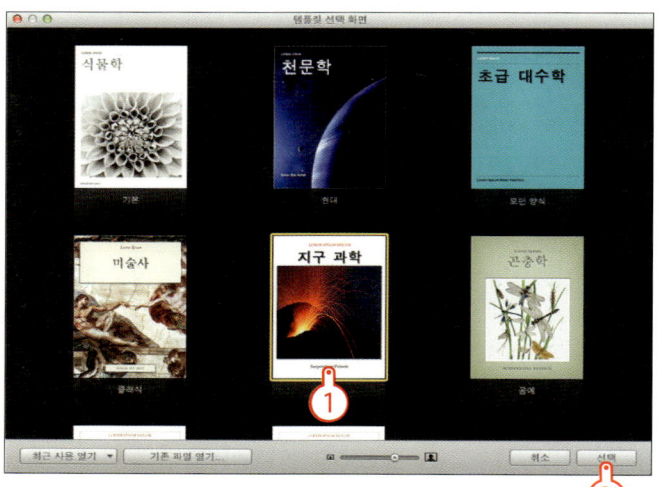

[iBooks Author]에서 템플릿이란 도서를 제작하기 쉽도록 미리 만들어놓은 레이아웃을 말합니다. 기본적으로 6개의 템플릿이 제공되며 사용자가 레이아웃을 수정해서 새로운 템플릿을 추가할 수 있습니다.

2 │ 템플릿 페이지가 나타납니다. 오른쪽 상단에서 🖵 버튼을 클릭합니다

3 | 전체 화면으로 창이 열립니다.

전체 화면으로 바뀌면
화면 상단의 메뉴 표시
줄이 숨겨집니다.

4 | 화면 상단에 마우스 포인터를 위치하면 메뉴 표시줄이 나타납니다. 오른쪽 상단에 위치해 있는 버튼을
클릭합니다.

맥PC에서 전체 창은 하나의 데스크탑으로 지정되어 다른
화면을 손쉽게 이동할 수 있습니다. 키보드에서 F3
키를 누르면 나타나는 데스크탑 목록에서 다른 데스크탑으
로 이동하거나 멀티 터치 마우스 사용시 두 손가락으로 마
우스 터치 부분을 쓸어내면 다음 데스크탑으로 넘길 수 있
습니다.

5 | 창이 원래의 크기로 변경됩니다.

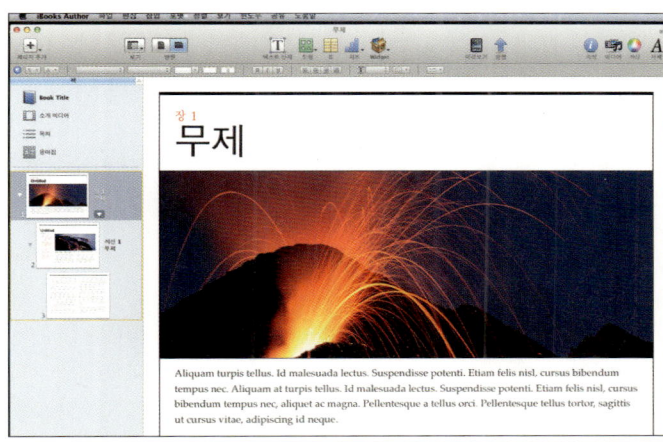

04 페이지 구성
살펴보기

아이북스 오서는 도서의 각 내용을 구성 요소로 분류해 제작하며 해당 구성 요소를 선택해서 문서를 작성할 수 있습니다. 여기서는 각 도서 구성 요소를 확인하고 어떤 역할을 하는지 알아보겠습니다.

북 타이틀

[Book Tiltle]는 도서의 표지를 지정하는 목록입니다. 선택한 템플릿에 해당하는 표지가 나타납니다. 그림을 변경하거나 글자 부분을 클릭한 후 내용을 수정해서 표지를 수정할 수 있습니다.

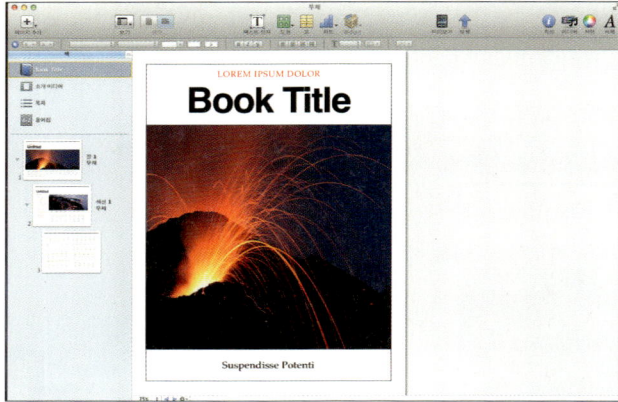

소개 미디어

도서를 열 때 도서를 소개하는 동영상을 실행하게 할 때 사용하는 메뉴입니다.

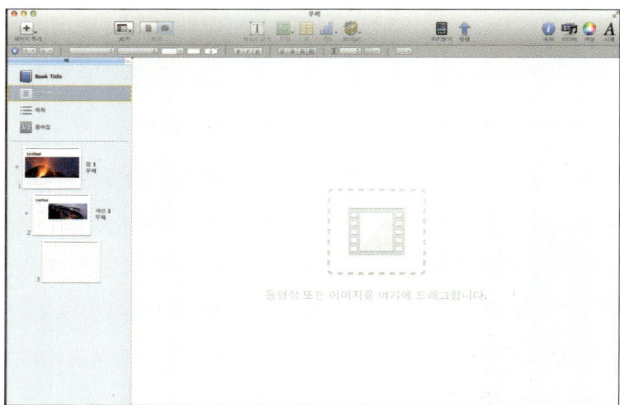

목차

도서의 목차를 표시하는 메뉴입니다. 형식에 맞게 도서를 제작한 경우 본문의 장과 섹션의 제목이 자동으로 목차에 표시됩니다. 이곳에서는 목차의 위치와 배경 이미지를 편집할 수 있지만 내용은 수정할 수 없습니다.

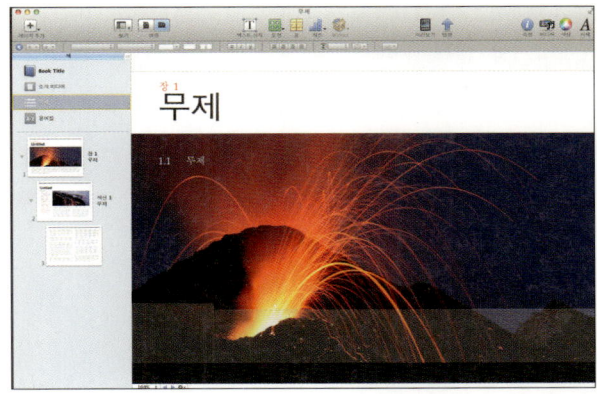

용어집

도서에서 입력한 용어 중 보충 설명이 필요한 용어에 대한 보충 설명을 보여주거나 해당 용어가 있는 페이지로 이동할 수 있도록 해줍니다. 이곳에서는 새로운 용어 및 용어에 대한 설명을 추가하거나 용어가 있는 페이지를 연결시킬 수 있습니다.

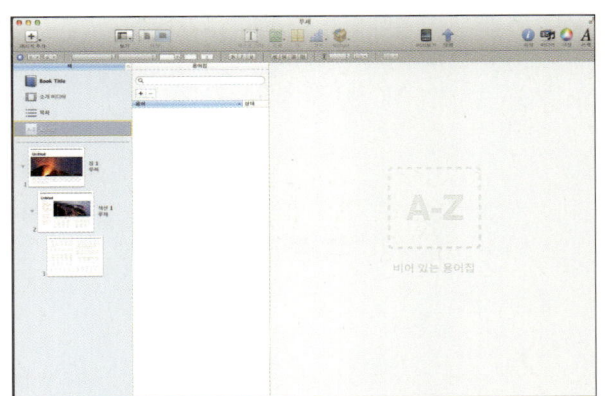

장

장은 흔히 파트, 부라고 부르는 영역으로 본문에서 구성 상 가장 큰 묶음입니다. 이곳에서는 장에 대한 제목과 설명을 입력하거나 디자인을 편집할 수 있습니다.

섹션

장에 포함되는 소제목으로 실제 본문이 시작되는 부분입니다. 글과 그림을 편집해서 꾸밉니다.

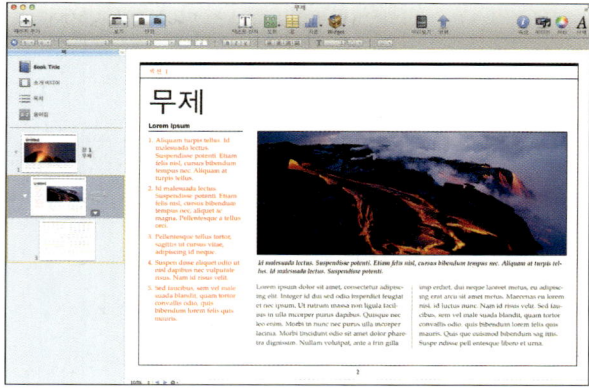

페이지

페이지는 섹션의 내용이 연결되는 영역입니다. 즉 섹션의 내용이 1페이지가 넘어가면 페이지 목록으로 자동으로 추가되면서 내용을 연결해줍니다.

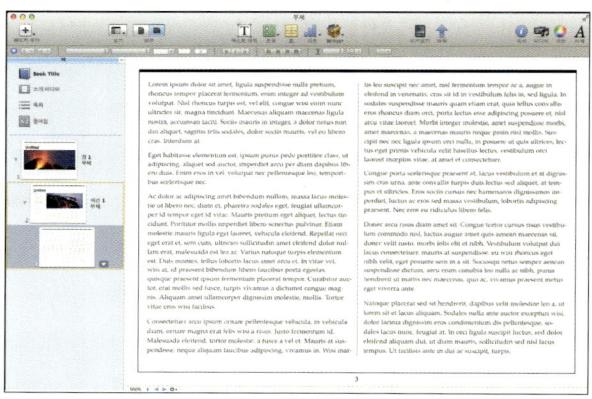

아이북스 오서에서 제공하는 템플릿 살펴보기

아이북스 오서는 빈 페이지를 열어서 작업하는 것이 아니라 아이북스 오서에서 제공하는 6개의 템플릿에서 선택해서 작업하는 방식입니다. 그만큼 6개의 템플릿 구조를 잘 살펴보고 제작할 도서의 레이아웃과 비슷한 템플릿을 선택해서 작업해야 합니다. 여기서는 아이북스 오서에서 제공하는 템플릿에 대해서 살펴보겠습니다.

기본

▲ 표지

▲ 장

▲ 섹션

LOREM IPSUM

책 제목

Dolor Set Amet

▲ 표지

장 1

무제

Lorem ipsum dolor sit amet, ligula suspendisse nulla pretium, rhoncus tempor placerat fermentum, enim integer ad vestibulum volutpat. Nisl rhoncus turpis est, vel elit, congue wisi enim nunc ultricies sit, magna tincidunt. Maecenas aliquam maecenas ligula nostra.

▲ 장

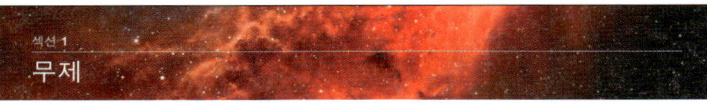

섹션 1

무제

LOREM IPSUM

1. Lorem ipsum dolor sit amet

2. Consectetur adipisicing elit, sed do eiusmod tempor incididunt ut labore et dolore magna aliqua.

3. Ut enim ad minim veniam, quis nostrud exercitation ullamco laboris nisi ut aliquip ex ea commodo consequat.

4. Duis aute irure dolor in reprehenderit in voluptate velit esse cillum dolore eu fugiat nulla pariatur.

Lorem ipsum dolor sit amet, ligula suspendisse nulla pretium, rhoncus tempor placerat fermentum, enim integer ad vestibulum volutpat. Nisl rhoncus turpis est, vel elit, congue wisi enim nunc ultricies sit, magna tincidunt. Maecenas aliquam maecenas ligula nostra, accumsan taciti. Sociis mauris in integer, a dolor netus non dui aliquet, sagittis felis sodales, dolor sociis mauris, vel eu libero cras. Interdum at. Eget habitasse elementum est, ipsum purus pede porttitor class, ut adipiscing, aliquet sed auctor, imperdiet arcu per diam dapibus libero duis. Enim eros in vel, lorem ipsum volutpat nec pellentesque leo, temporibus scelerisque nec. Ac dolor ac adipiscing amet bibendum nullam, massa lacus molestie ut libero nec, diam et, pharetra sodales eget, feugiat ullamcorper id tempor eget id vitae. Mauris pretium eget aliquet, lectus tincidunt. Porttitor mollis imperdiet lorem ipsum libero senectus pulvinar.

Etiam molestie mauris ligula eget laoreet, vehicula eleifend. Repellat orci eget erat et, sem cum, ultricies sollicitudin amet eleifend dolor nullam erat, malesuada est leo ac. Varius natoque turpis elementum est. Massa lacus molestie ut libero nec, diam et, pharetra sodales eget, feugiat ullamcorper id tempor eget id vitae. Mauris pretium eget aliquet, lectus tincidunt. Porttitor mollis imperdiet libero senectus pulvinar. Etiam molestie mauris ligula eget laoreet, vehicula eleifend. Repellat orci eget erat et, sem cum.

2

▲ 섹션

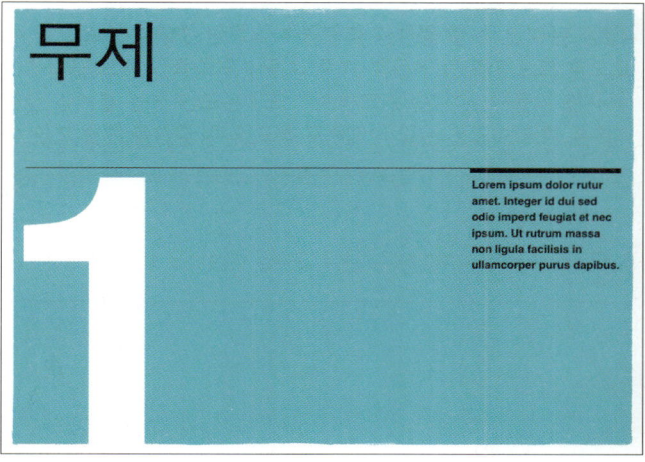

Lorem ipsum dolor rutur amet. Integer id dui sed odio imperd feugiat et nec ipsum. Ut rutrum massa non ligula facilisis in ullamcorper purus dapibus.

▲ 장

Lorem Ipsum Dolor Facilisis

▲ 표지

섹션 1

무제

Lorem Ipsum

1. **Lorem ipsum dolor sit amet, consectetur.**
2. **Nulla et urna convallis nec quis blandit odio mollis.**
3. **Sed metus libero cing elit, lorem ipsum. Adip inscing nulla mollis urna libero blandit dolor.**
4. **Lorem ipsum dolor sit amet, consectetur.**
5. **Sed metus libero cing elit, lorem ipsum. Quis que euismod bibendum sag ittis.**
6. **Sed metus libero cing elit, lorem ipsum.**
7. **Quis que euismod bibendum sag ittis.**

Lorem Ipsum

Lorem ipsum dolor sit amet, consectetur adipiscing elit. Integer id dui sed odio imperdiet feugiat et nec ipsum. Ut rutrum massa non ligula facilisis in ulla mcorper purus dapibus. Quisque nec leo enim. Morbi in nunc nec purus ulla mcorper lacinia. Morbi tincidunt odio sit amet dolor pharetra dignissim.

Nullam volutpat, ante a frin gilla imp erdiet, dui neque laoreet metus, eu adipiscing erat arcu sit amet metus. Maecenas eu lo-rem nisi, id luctus nunc. Nam id risus velit. Sed faucibus, sem vel male suada blandit, quam tortor convallis odio, quis biben-dum lorem felis quis mauris.

Quis que euismod bibendum sag ittis. Suspe ndisse pell en-tesque libero et urna cons equat non euismod velit condim en-tum. Pe llente sque sagittis felis eu augue male suada et ultri-cies lectus egestas. Donec mollis quam sed metus vehicula ele mentum. Nulla elit ante, dign issim at convallis quis, nec odio.

Dolor Sit Amet

Lorem ipsum dolor sit amet, consectetur adipiscing elit. Integer id dui sed odio imperdiet feugiat et nec ipsum. Ut rutrum massa non ligula facilisis in ulla mcorper purus dapibus. Quisque nec leo enim. Morbi in nunc nec purus ulla mcorper lacinia. Morbi tincidunt odio sit amet dolor pharetra dignissim. Nullam volut-pat, ante a frin gilla imp erdiet, ipsum lorem set dui neque.

2

▲ 섹션

클래식

Lorem Ipsum

책 제목

DOLOR SET AMET

▲ 표지

장 ▶

장 1

무제

Lorem ipsum dolor sit amet, ligula suspendisse nulla pretium, rhoncus tempor placerat fermentum, enim integer ad vestibulum volutpat. Nisl rhoncus turpis est, vel elit, congue wisi enim nunc ultricies sit, magna tincidunt. Maecenas aliquam maecenas ligula nostra, accumsan taciti. Sociis mauris in integer, a dolor netus non dui aliquet, sagittis felis sodales, dolor sociis mauris, vel eu est libero eras.

섹션 ▶

섹션 1

무제

Lorem ipsum dolor sit amet, ligula suspendisse nulla pretium, rhoncus tempor placerat fermentum, enim integer ad vestibulum volutpat. Nisl rhoncus turpis est, vel elit, congue wisi enim nunc ultricies sit, magna tincidunt. Maecenas aliquam maecenas ligula nostra, accumsan taciti. Sociis mauris in integer, a dolor netus non dui aliquet, sagittis felis sodales, dolor sociis mauris, vel eu est libero eras. Interdum at. Eget habitasse elementum est, ipsum purus pede porttitor class, ut lorem adipiscing, aliquet sed auctor, imperdiet arcu per diam dapibus libero duis. Enim eros in vel, volutpat nec pellentesque leo, temporibus scelerisque nec.

Ac dolor ac adipiscing amet bibendum nullam, massa lacus molestie ut libero nec, diam et, pharetra sodales eget, feugiat ullamcorper id tempor eget id vitae. Mauris pretium eget aliquet, lectus tincidunt. Porttitor mollis imperdiet libero senectus pulvinar. Etiam molestie mauris ligula eget laoret, vehicula eleifend. Repellat orci eget erat et, sem cum, ultricies sollicitudin amet eleifend dolor nullam erat, malesuada est leo ac. Varius natoque turpis elementum est. Duis montes, tellus lobortis lacus amet arcu et.

LOREM IPSUM

- *Aliquam turpis tellus. Id malesuada lectus. Suspendisse potenti. Etiam felis nisl, cursus bibendum tempus nec. Aliquam at turpis tellus.*
- *Id malesuada lectus. Suspendisse potenti. Etiam felis nisl, cursus bibendum tempus nec, aliquet ac magna. Pellentesque a tellus arcu.*
- *Pellentesque tellus tortor, sagittis ut cursus vitae, adipiscing id neque.*
- *Suspen disse aliquat odio ut nisl dapibus nec vulputate risus. Nam id risus velit.*

2

Finished.

STOP

52

사설

장 1
무제

Aliquam turpis tellus. Id malesuada lectus. Suspendisse potenti. Etiam felis nisl, cursus bibendum tempus nec. Aliquam at turpis tellus. Id malesuada lectus. Suspendisse potenti. Etiam felis nisl, cursus bibendum tempus nec, aliquet ac magna. Pellentesque a tellus orci. Pellentesque tellus tortor, sagittis ut cursus vitae, adipiscing id neque.

1

▲ 장

LOREM IPSUM DOLOR
책 제목

Suspendisse Potenti

▲ 표지

섹션 1

무제

Lorem Ipsum

1. Aliquam turpis tellus. Id malesuada lectus. Suspendisse potenti. Etiam felis nisl, cursus bibendum tempus nec. Aliquam at turpis tellus.

2. Id malesuada lectus. Suspendisse potenti. Etiam felis nisl, cursus bibendum tempus nec, aliquet ac magna. Pellentesque a tellus orci.

3. Pellentesque tellus tortor, sagittis ut cursus vitae, adipiscing id neque.

4. Suspen disse aliquet odio ut nisl dapibus nec vulputate risus. Nam id risus velit.

5. Sed faucibus, sem vel male suada blandit, quam tortor convallis odio, quis bibendum lorem felis quis mauris.

Id malesuada lectus. Suspendisse potenti. Etiam felis nisl, cursus bibendum tempus nec. Aliquam at turpis tellus. Id malesuada lectus. Suspendisse potenti.

Lorem ipsum dolor sit amet, consectetur adipiscing elit. Integer id dui sed odio imperdiet feugiat et nec ipsum. Ut rutrum massa non ligula facilisis in ulla mcorper purus dapibus. Quisque nec leo enim. Morbi in nunc nec purus ulla mcorper lacinia. Morbi tincidunt odio sit amet dolor pharetra dignissim. Nullam volutpat, ante a frin gilla imp erdiet, dui neque laoreet metus, eu adipiscing erat arcu sit amet metus. Maecenas eu lorem nisi, id luctus nunc. Nam id risus velit. Sed faucibus, sem vel male suada blandit, quam tortor convallis odio, quis bibendum lorem felis quis mauris. Quis que euismod bibendum sag ittis. Suspe ndisse pell entesque libero et urna.

2

▲ 섹션

아이북스 저자 기본 편집기

▲ 표지

Lorem Ipsum
책 제 목

SUSPENDISSE POTENTI

· 장 1 ·
무제

Lorem ipsum dolor sit amet, ligula suspendisse nulla pretium, rhoncus tempor placerat fermentum, enim integer ad vestibulum volutpat. Nisl rhoncus turpis est, vel elit, congue wisi enim nunc ultricies sit, magna tincidunt. Maecenas aliquam maecenas ligula nostra, accumsan taciti. Sociis mauris in integer, a dolor netus non dui aliquet, sagittis felis sodales.

▲ 장

· 섹션 1 ·

Lorem Ipsum

1. Aliquam turpis tellus. Id malesuada lectus. Suspendisse potenti. Etiam felis nisl, cursus bibendum tempus nec. Aliquam at turpis tellus.

2. Id malesuada lectus. Suspendisse potenti. Etiam felis nisl, cursus bibendum tempus nec, aliquet ac magna. Pellentesque a tellus.

3. Pellentesque tellus tortor, sagittis ut cursus vitae, adipiscing id neque.

4. Suspen disse aliquet odio ut nisl dapibus nec vulputate risus. Nam id risus velit.

무제

Lorem ipsum dolor sit amet, ligula suspendisse nulla pretium, rhoncus tempor placerat fermentum, enim integer ad vestibulum volutpat. Nisl rhoncus turpis est, vel elit, congue wisi enim nunc ultricies sit, magna tincidunt. Maecenas aliquam maecenas ligula nostra, accumsan taciti. Sociis mauris in integer, a dolor netus non dui aliquet, sagittis felis sodales, dolor sociis mauris, vel eu est libero cras. Interdum at. Eget habitasse elementum est, ipsum purus pede porttitor class, ut lorem adipiscing, aliquet sed auctor, imperdiet arcu per diam dapibus libero duis. Enim eros in vel, volutpat nec pellentesque leo, temporibus scelerisque nec. Ac dolor ac adipiscing amet bibendum nullam, massa lacus molestie ut libero nec, diam et, pharetra sodales eross.

2

▲ 섹션

06
워드 문서 가져와서
전자책 만들기

아이북스 오서는 [Pages]나 [Word]로 작성한 문서를 불러와서 도서를 꾸밀 수 있습니다. 여기서는 [Pages]로 작성한 문서를 불러와서 도서를 꾸미고 아이북스 오서 파일 형식으로 문서를 저장해 보겠습니다.

1 │ 아이북스 오서를 실행해서 새 템플릿을 연 후 [삽입] 메뉴에서 [Pages 또는 Word 도큐멘트로부터의 장...]을 클릭합니다.

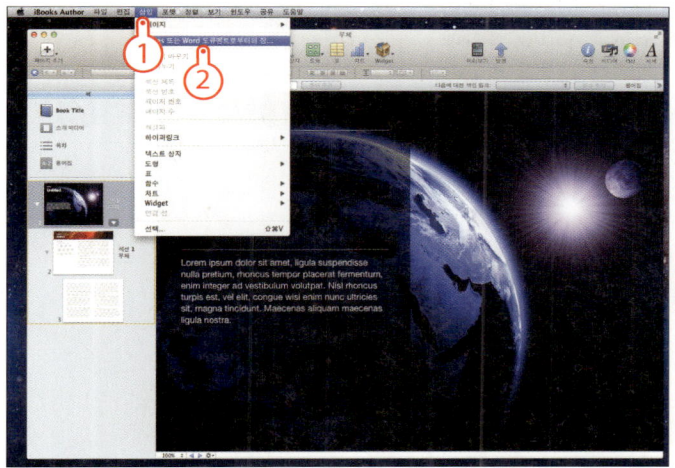

2 │ 탐색 창이 나타나면 워드로 작성한 문서를 선택한 후 [삽입] 버튼을 클릭합니다.

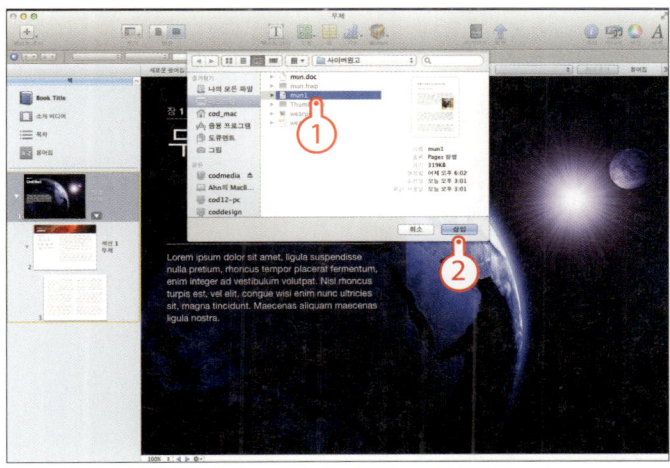

[Finder]에서 삽입할 워드를 문서로 드래그해서 추가할 수 있습니다.

3 | 문서에 삽입할 콘텐츠 레이아웃을 선택한 후 [선택] 버튼을 클릭합니다.

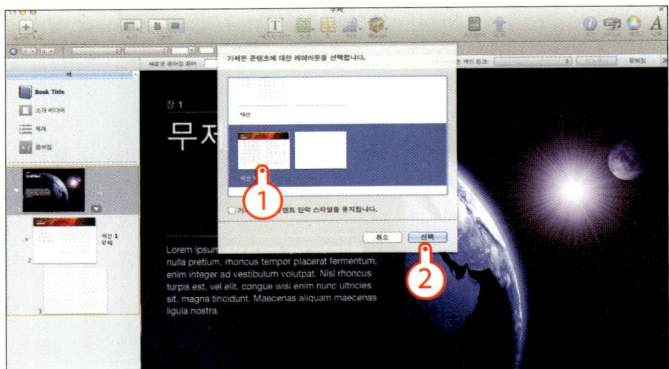

4 | 선택한 레이아웃에 워드 문서가 삽입됩니다. 제목 부분을 마우스로 드래그해서 블록을 설정한 후 Ctrl + X 를 누릅니다.

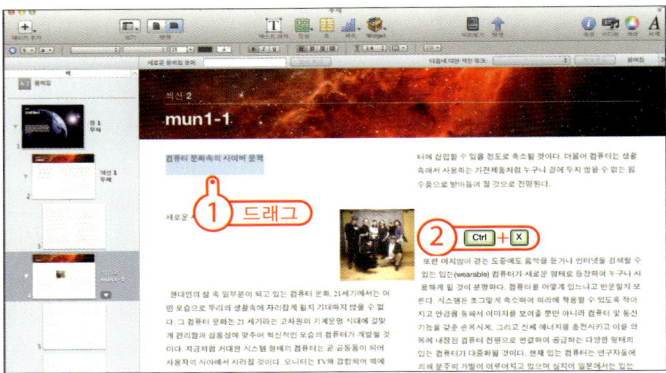

5 | 제목 부분을 클릭한 후 Ctrl + V 를 눌러 복사한 제목을 삽입합니다.

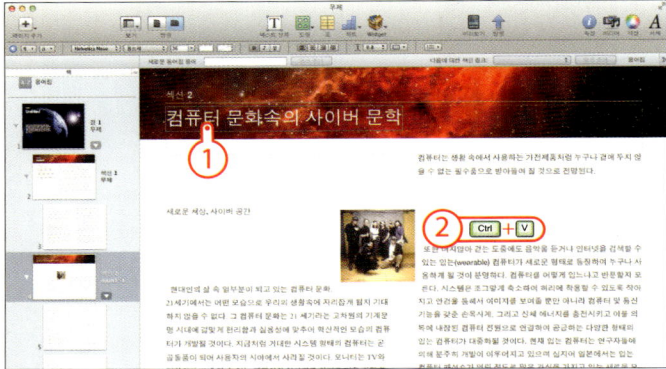

6 | 그림을 마우스로 드래그해서 배치할 위치로 드래그합니다.

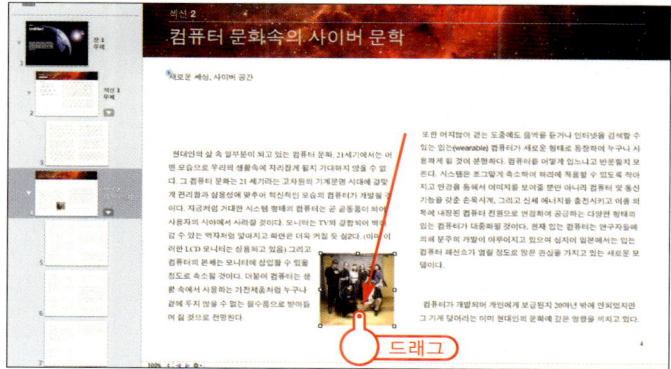

7 | 왼쪽 목록에서 섹션의 두 번째 페이지를 클릭하면 다음 페이지를 열어 볼 수 있습니다.

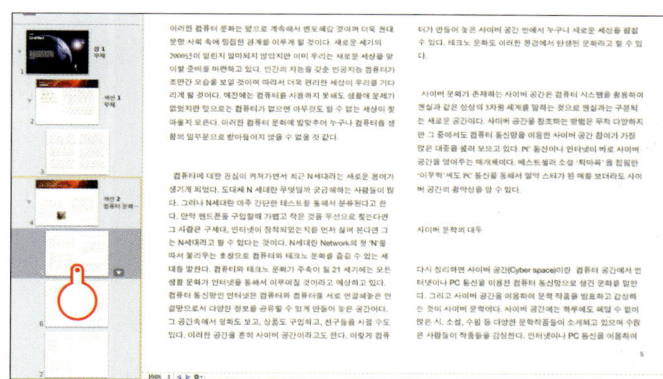

가로 보기에서 두 번째 페이지는 왼쪽에서 오른쪽으로 페이지가 넘어갑니다.

8 | 왼쪽 목록에서 사용하지 않을 목록을 마우스 오른쪽 클릭한 다음 [섹션 삭제]를 클릭해서 삭제합니다.

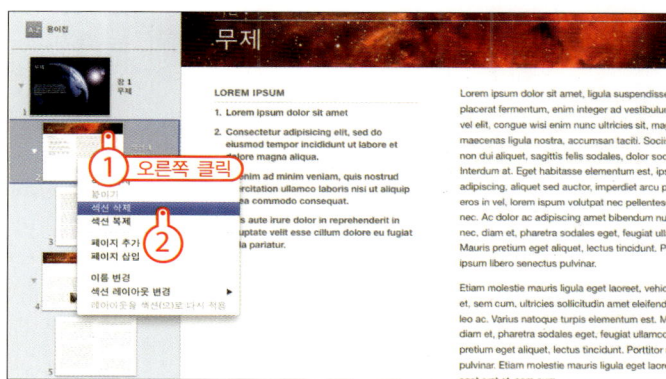

9 | '장' 목록을 클릭한 후 글상자를 클릭해서 적당하게 내용을 입력합니다.

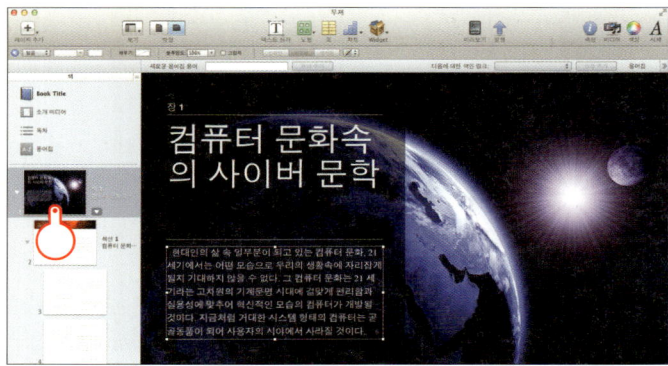

10 | 문서 작성이 완료되었으면 [파일] 메뉴에서 [저장]을 클릭합니다.

11 | [위치] 항목에 저장할 폴더를 선택하고 [별도 저장] 항목에 파일 이름을 입력한 후 [저장] 버튼을 클릭합니다.

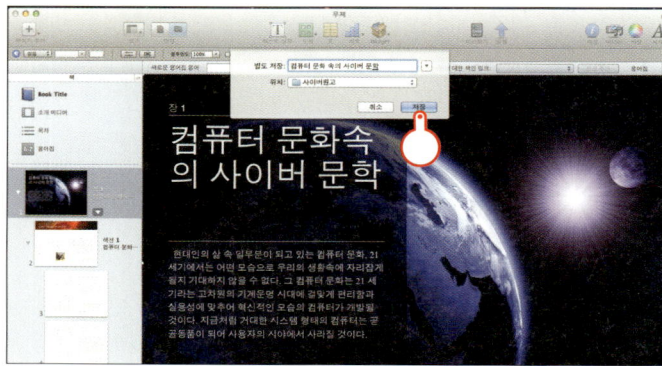

파일 저장을 실행하면 아이북스 오서 파일 형식(＊.iba)
으로 저장됩니다. 저장된 아이북스 오서는 [파일]-[열기]
메뉴를 클릭해서 다시 불러 올 수 있습니다.

07
텍스트 문서로
전자책 만들기

텍스트 문서는 글자와 문단 서식이 없는 텍스트 문서 파일 형식으로 어떤 프로그램이든지 내용을 복사해서 붙여 넣을 수 있습니다. 여기서는 전자책에 넣을 텍스트 문서를 이용하여 전자책으로 꾸미는 방법에 대해서 알아보겠습니다.

1 | 텍스트 문서로 작성한 전자책으로 만들 원고를 엽니다.

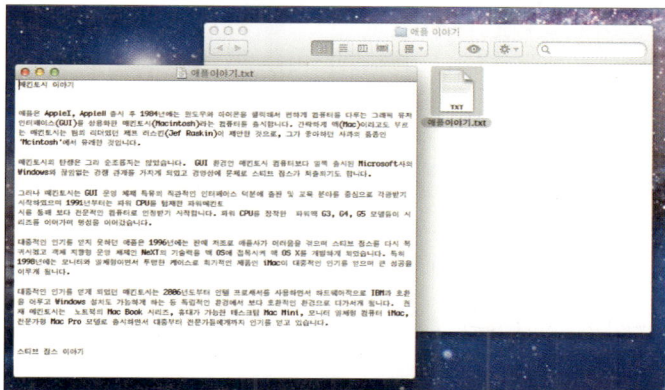

2 | 아이북 오서를 실행한 후 적당한 템플릿을 선택해서 엽니다.

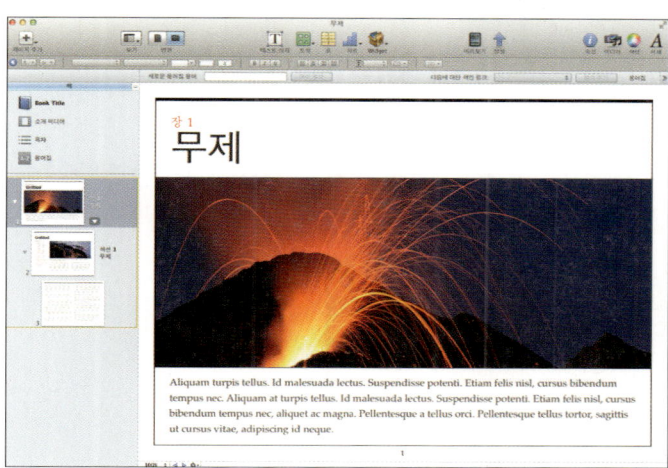

3 | 텍스트 문서에서 제목 부분을 드래그해서 선택한 후 `Ctrl`+`C`를 눌러 복사합니다.

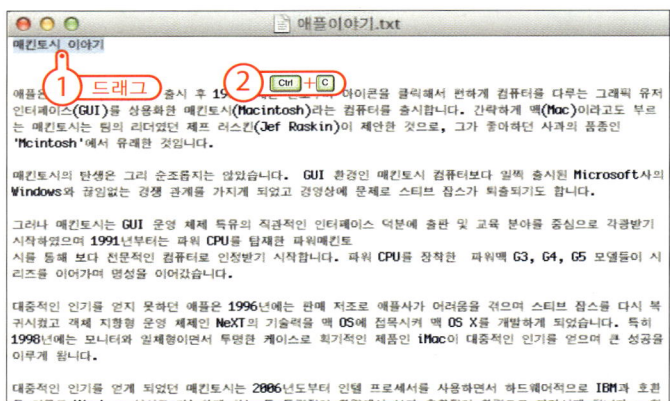

4 | 아이북스 오서에서 섹션 페이지를 연 후 제목 부분을 더블 클릭한 후 `Ctrl`+`V`를 눌러 복사한 내용을 붙여 넣습니다.

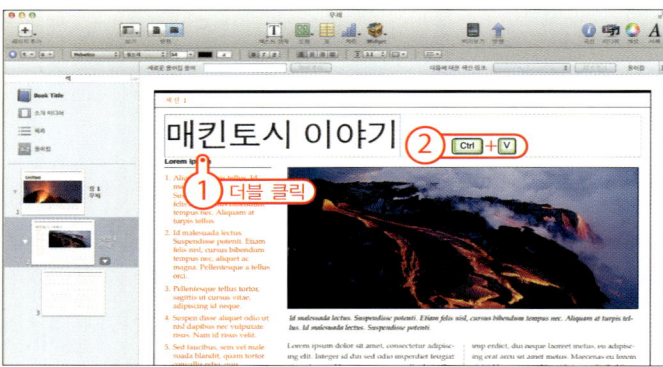

5 | 텍스트 문서에서 본문에 해당하는 내용을 드래그해서 선택한 후 `Ctrl`+`C`를 눌러 복사합니다.

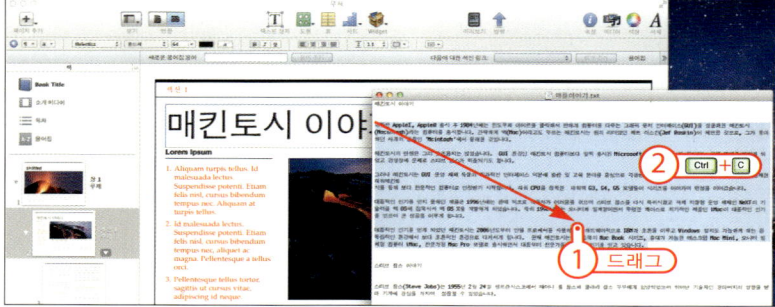

6 | 문서에서 본문에 해당하는 내용을 클릭해서 본문 내용 전체를 선택합니다.

새 문서를 불러왔을 때 입력되어 있는 본문은 예시글이며 글상자의 글을 클릭하면 해당 글상자의 본문 내용 전체가 선택되며 예시글의 일부만 수정할 수 없습니다.

7 | Ctrl + V 를 눌러 붙여 넣으면 복사한 원고가 삽입됩니다.

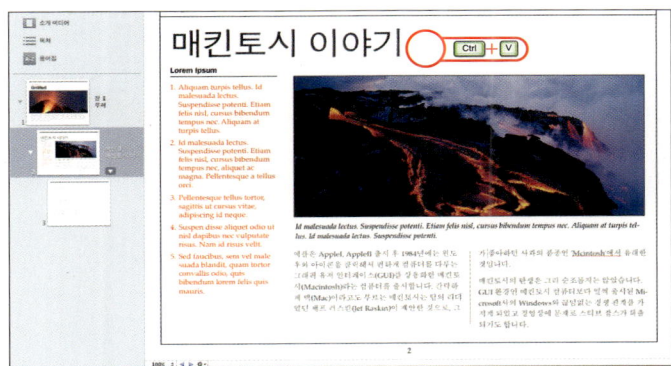

8 | 한 페이지에 넘치는 내용은 다음 페이지에 삽입됩니다.

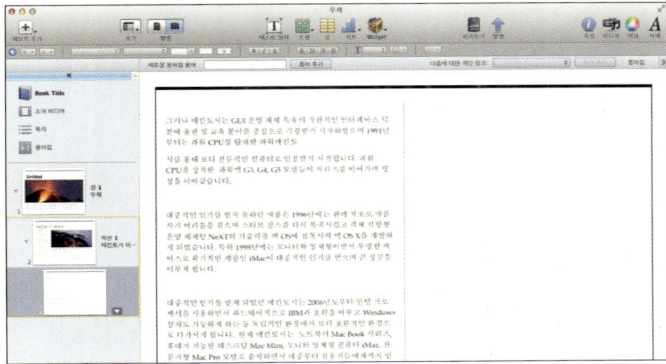

9 | 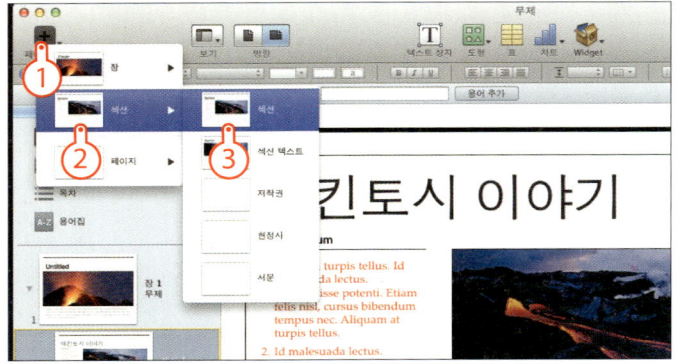 [페이지 추가] 버튼을 클릭한 다음 [섹션]–[섹션]을 클릭합니다.

[페이지 추가] 메뉴에서 장, 섹션, 페이지를 추가할 수 있습니다. 많이 쓰이는 기본적인 레이아웃을 제공합니다.

10 | 새 섹션이 추가되면 같은 방법으로 내용을 입력해서 꾸밉니다.

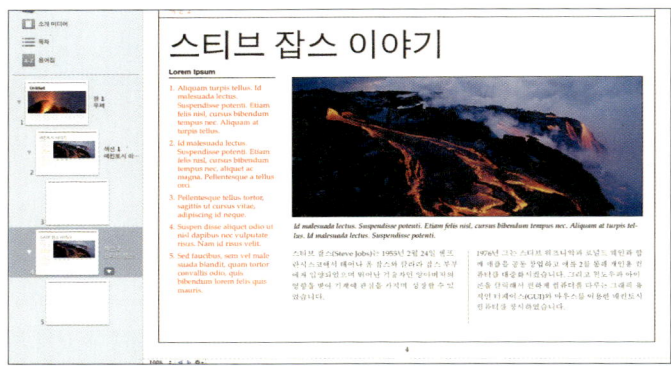

11 | '장' 페이지를 클릭한 후 장에 관련된 제목과 설명을 입력합니다.

12 | '섹션' 페이지를 클릭한 다음 왼쪽의 [Lorem Ipsum] 항목을 클릭한 후 내용을 입력해서 꾸밉니다.

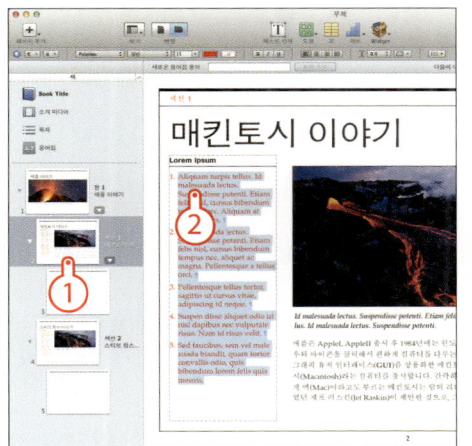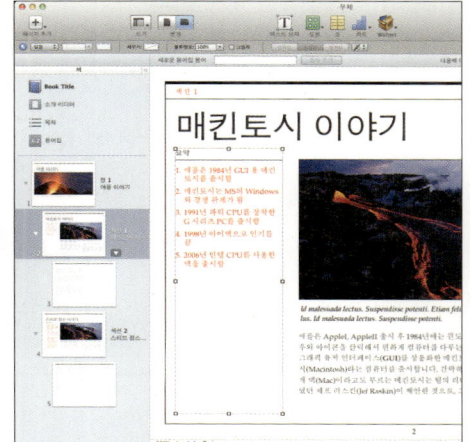

13 | [목차] 페이지를 클릭하면 장과 섹션 제목이 나타납니다.

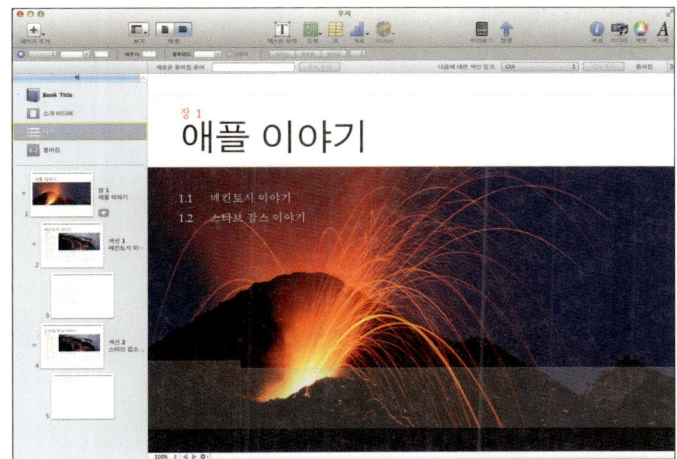

추가하는 장과 섹션은 자동으로
목차에 반영되어 나타납니다.

08

추가로 설명해주는
용어집 만들기

용어집 기능을 이용하여 전자책에 입력된 내용에서 설명이 필요한 용어를 지정하여 용어 설명을 추가할 수 있습니다. 추가한 용어들은 [용어집] 메뉴를 통해 용어집에 넣은 용어만 볼 수 있으며 용어를 눌러 해당 페이지로 이동할 수도 있습니다.

1 | 용어집에 추가할 용어가 있는 페이지를 연 후 용어 앞을 클릭한 후 [용어 추가] 버튼을 클릭합니다.

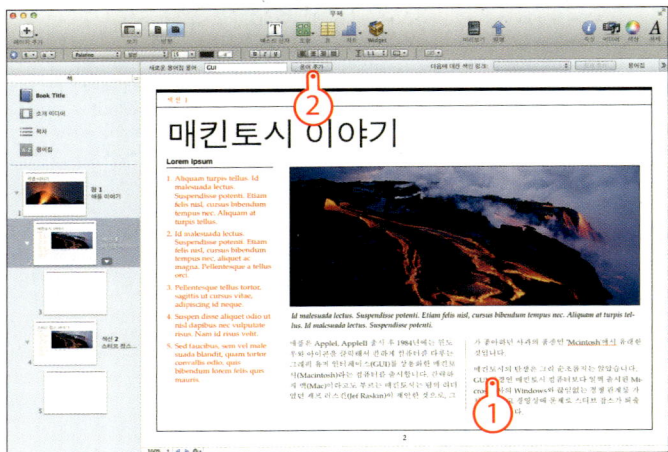

용어 앞을 클릭하면 [새로운 용어집 용어] 항목에 용어가 표시되며 [용어 추가] 버튼이 활성화됩니다. 용어를 블록으로 선택하면 [용어 추가] 버튼이 활성화되지 않습니다.

2 | [용어집]을 클릭하면 [용어집] 페이지에 해당 용어가 추가된 것을 확인할 수 있습니다.

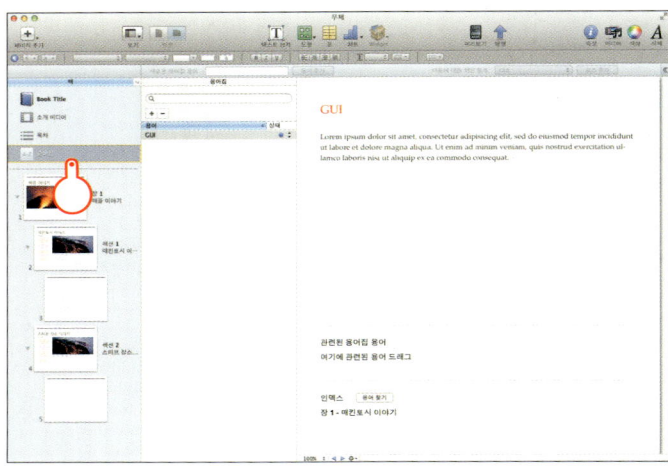

[용어집 도구 막대]에서 용어집 ≫ 을 클릭해서 [용어집] 페이지를 열 수 있습니다. ≪ 을 클릭하면 다시 본문으로 돌아갑니다.

3 | 오른쪽 용어 설명 글상자를 클릭한 후 설명글을 입력합니다.

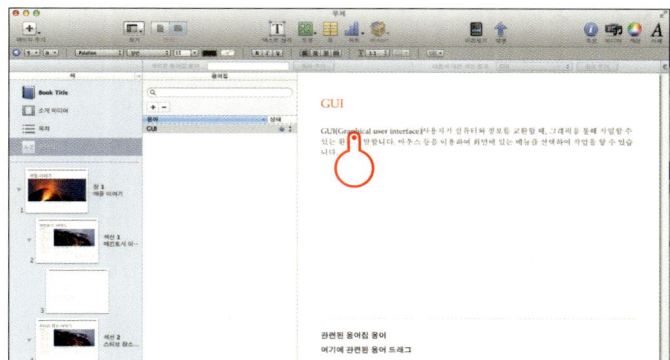

추가적으로 용어를 등록해서 긴 목록이 만들어질 경우 ● ▲ 버튼을 클릭해서 용어의 상태를 나타내는 색을 지정하면 용어를 구별하여 관리하기 편리합니다.

4 | ✚ 버튼을 클릭해서 새 용어 목록을 추가한 후 글상자에 추가할 용어를 입력합니다.

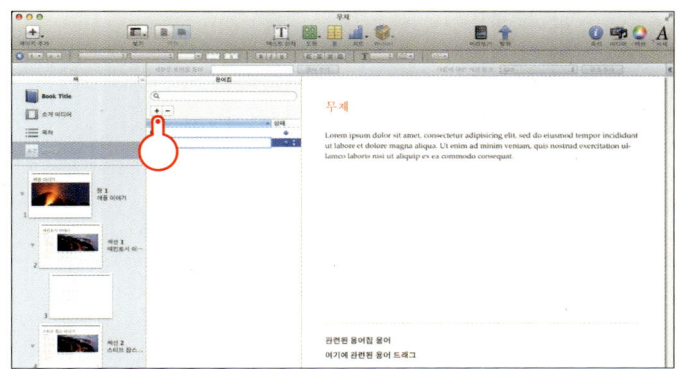

━ 버튼을 클릭해서 용어를 목록에서 삭제할 수 있습니다.

5 | 설명 글상자를 클릭해서 용어 설명을 추가합니다.

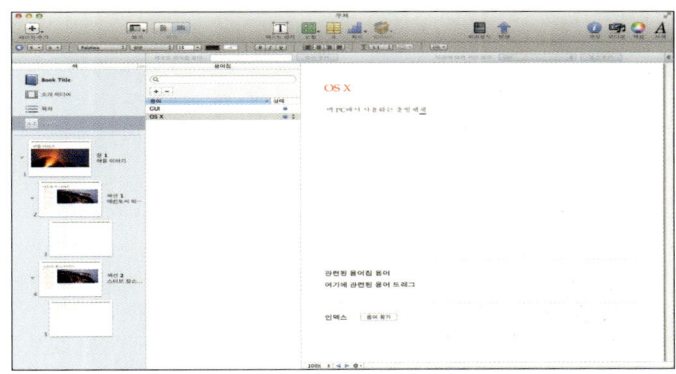

[인덱스] 항목의 [용어 찾기] 버튼을 클릭하면 해당 용어가 포함된 본문을 찾을 수 있습니다.

09
글자 속성
설정하기

포맷 막대의 서식 도구를 이용하여 문서에 입력되어 있는 글자의 속성을 변경하거나 스타일 상자를 이용하여 글자 속성을 변경할 수 있습니다. 스타일 상자를 이용하면 통일된 글자 서식을 설정하기에 편리합니다.

1 | 글자 속성을 변경할 글상자를 더블 클릭한 후 글을 마우스로 드래그해서 블록을 설정합니다.

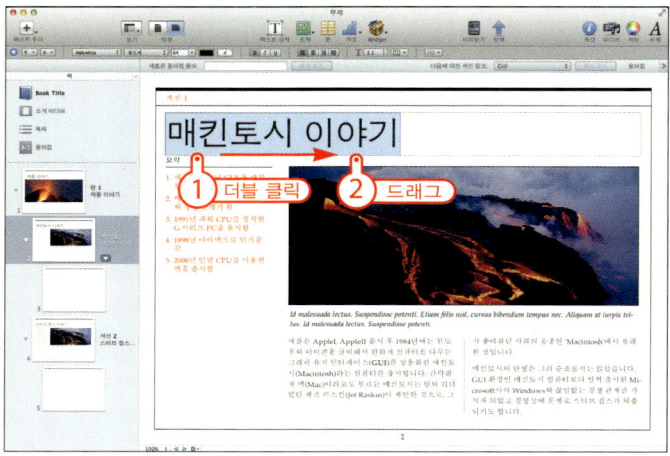

글상자를 클릭하면 글상자가 선택되고 글상자를 더블 클릭하면 글상자에 입력된 글자가 선택됩니다.

2 | 포맷 막대의 색상 버튼을 클릭해서 글자 색상을 변경합니다.

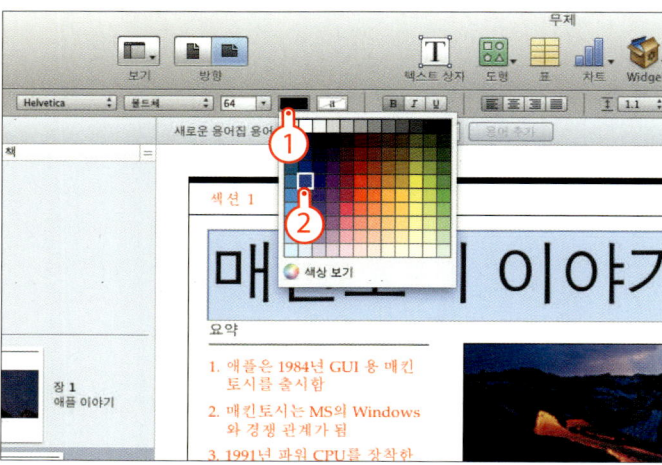

화면 상단의 메뉴 표시줄에서 [포맷]-[서체]-[서체 보기]를 클릭하면 나타나는 [서체] 창에서도 설정할 수 있습니다.

3 ┃ 속성을 변경할 글이 있는 글상자의 본문을 클릭해서 커서를 위치한 후 ⌘+A 를 눌러 전체 글을 선택합니다.

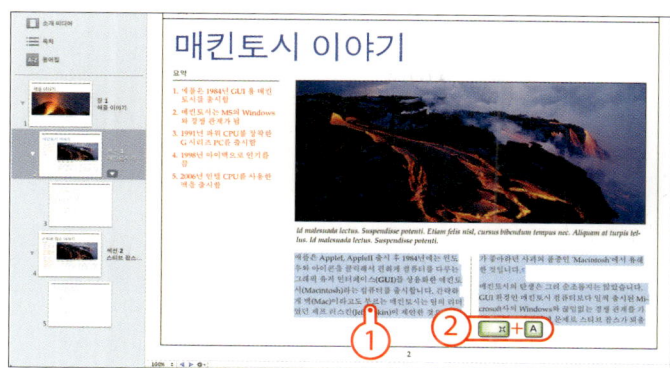

본문을 한 번 클릭하면 커서가 위치하고 더블 클릭하면 단어가 선택되며, 빠르게 세 번 클릭하면 한 문단이 선택됩니다.

4 ┃ 포맷 상자에서 🔘 버튼을 클릭하면 나타나는 스타일 목록에서 [설명]을 클릭합니다.

📦 BOX ┃ 포맷 도구 속성

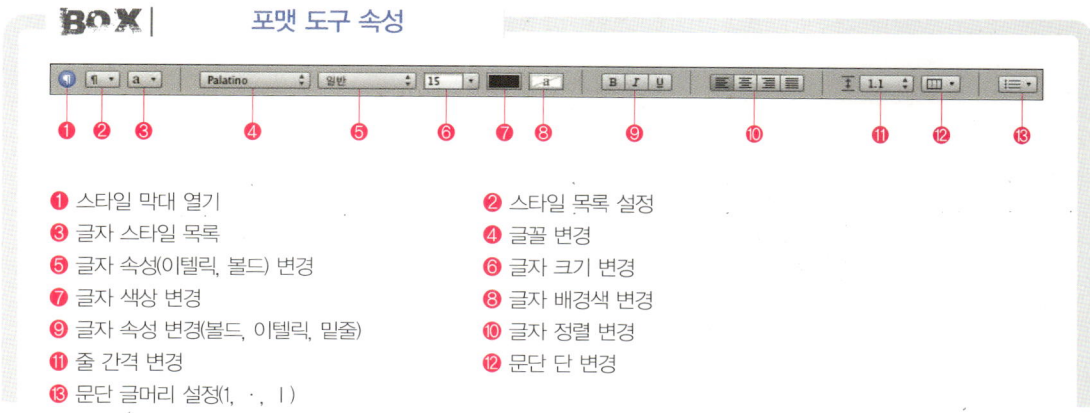

❶ 스타일 막대 열기 ❷ 스타일 목록 설정
❸ 글자 스타일 목록 ❹ 글꼴 변경
❺ 글자 속성(이텔릭, 볼드) 변경 ❻ 글자 크기 변경
❼ 글자 색상 변경 ❽ 글자 배경색 변경
❾ 글자 속성 변경(볼드, 이텔릭, 밑줄) ❿ 글자 정렬 변경
⓫ 줄 간격 변경 ⓬ 문단 단 변경
⓭ 문단 글머리 설정(1, ·, Ⅰ)

5 | 같은 방법으로 왼쪽 글상자를 선택해서 내용을 수정한 후 스타일 목록에서 [부머리말2]를 선택합니다.

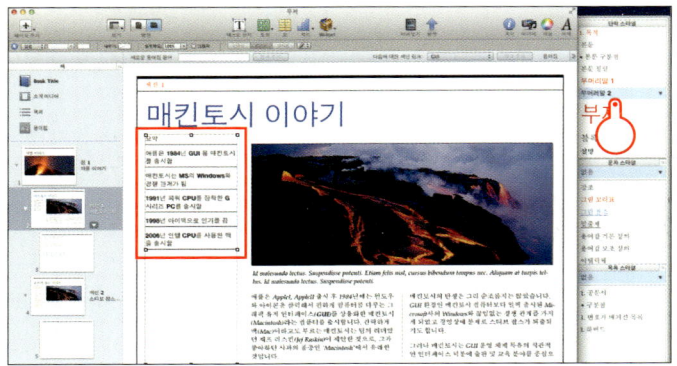

도서와 같이 요소가 많은 문서의 서식을 변경할 경우 스타일 목록을 이용하여 속성을 설정하여 요소별로 동일하게 속성을 설정해주도록 합니다.

6 | 제목 글상자를 클릭한 다음 스타일을 저장하기 위해서 스타일 목록에서 ➕ 버튼을 클릭합니다.

7 | [새로운 단락 스타일] 항목에 스타일 이름을 지정한 다음 [승인] 버튼을 클릭합니다.

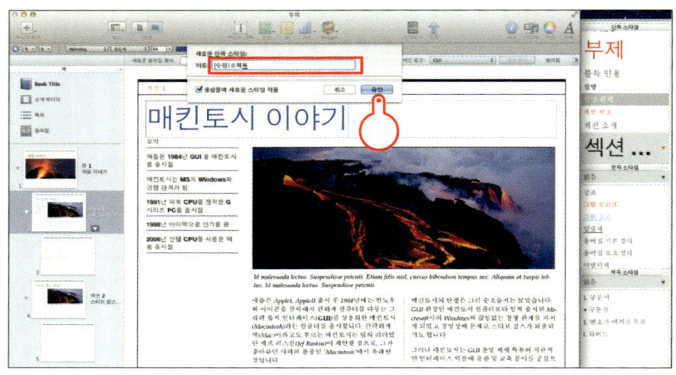

자주 사용하는 스타일을 [새로운 단락 스타일]로 저장해두고 반복 사용하면 편리합니다.

8 | 두 번째 섹션 페이지를 연 후 제목 글상자를 클릭하고 스타일 목록에서 추가한 스타일 목록을 클릭합니다.

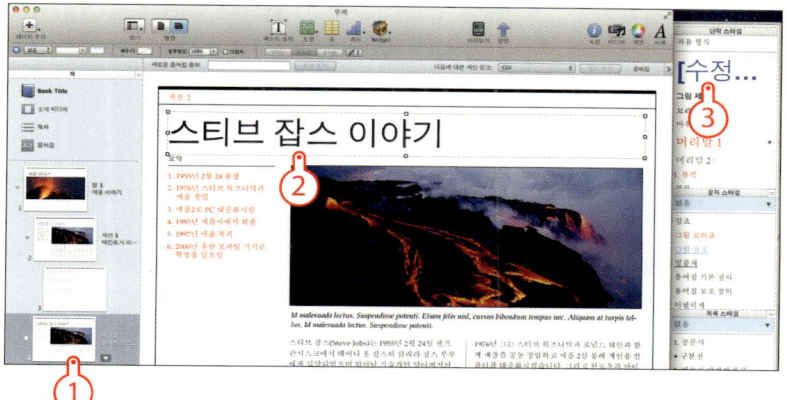

9 | 같은 방법으로 앞 섹션 페이지에서 지정한 동일한 스타일로 왼쪽 글상자와 본문 글상자 스타일을 꾸밉니다.

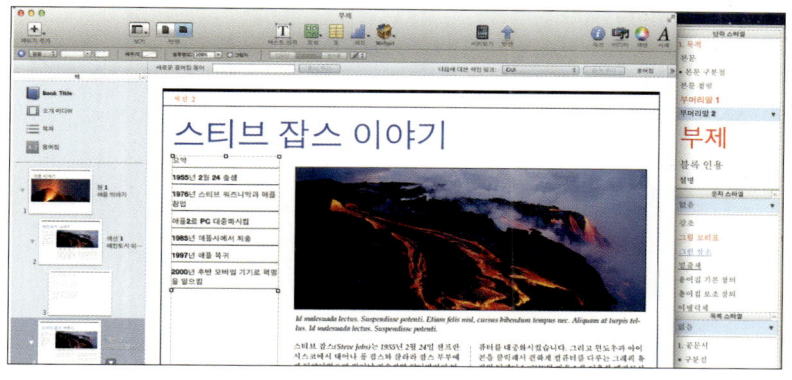

제목, 단락, 설명글 등 본문의 요소들을 같은 스타일로 작성하는 것이 독자들의 가독성을 높여줍니다.

BOX | 아이패드에서 지원하는 글꼴

아이북스 오서로 문서를 작성할 때는 맥 PC에 설치되어 있는 글꼴을 모두 사용이 가능하지만 막상 아이패드로 미리보기 하거나 발행할 경우에는 아이패드에서 지원하는 글꼴만 사용이 가능합니다. 만일 아이패드에서 지원하지 않은 글꼴을 사용할 경우 다른 글꼴로 대체됩니다. 아이패드에서 지원하는 글꼴은 다음과 같습니다.

Academy Engraved LET, American Typewriter, Apple Color Emoji, AppleGothic Arial, Arial Hebrew, Arial Rounded MT Bold, Bangla Sangam MN, Baskerville Bodoni 72, Bodoni 72 Oldstyle, Bodoni 72 Smallcaps, Bodoni Ornaments Bradley Hand, Chalkboard SE, Chalkduster, Cochin, Copperplate, Courier Courier New, Devanagari Sangam MN, Didot, Euphemia UCAS, Futura Geeza Pro, Georgia, Gill Sans, Gujarati Sangam MN, Gurmukhi MN Heiti SC, Heiti TC, Helvetica, Helvetica Neue, Hiragino Kaku Gothic ProN Hiragino Mincho ProN, Hoefler Text, Kailasa, Kannada Sangam MN Malayalam Sangam MN, Marion, Marker Felt, Noteworthy, Optima Oriya Sangam MN, Palatino, Papyrus, Party LET, Sinhala Sangam MN Snell Roundhand, Tamil Sangam MN, Telugu Sangam MN, Thonburi Times New Roman, Trebuchet MS, Verdana, Zapf Dingbats, Zapfino

10
그림 틀에
그림 삽입하기

템플릿에 포함되어 있는 이미지에 다른 이미지를 넣어서 문서를 꾸밀 수 있습니다. 그림 위치와 크기 뿐만 아니라 그림 영역 바깥 부분을 보이지 않도록 해주는 마스크를 이용하여 그림을 꾸밀 수 있습니다.

1 | 아이북스 오서에서 그림을 넣을 페이지를 연 후 그림을 클릭하고 🖼 [Finder]로 문서에 삽입할 이미지를 찾아서 페이지의 그림 영역으로 드래그합니다.

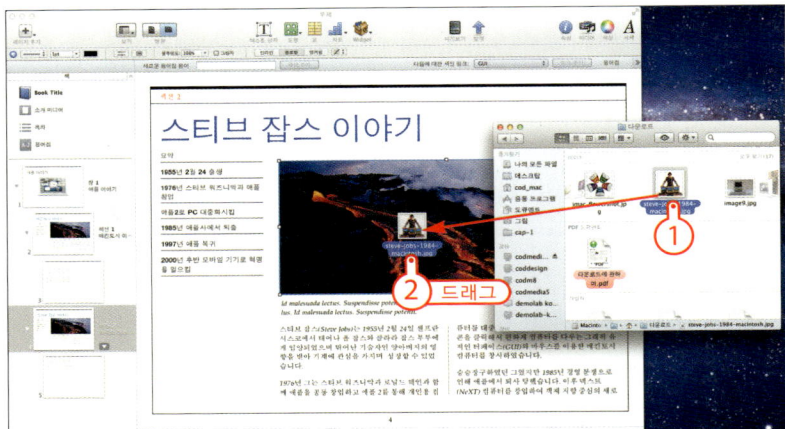

아이북스 오서에서 사용할 수 있는 그림 파일 형식은 JPG, PNG, GIF입니다.

2 | 그림을 클릭하면 나타나는 조절 상자에서 게이지를 좌우로 드래그해서 그림 크기를 조절합니다.

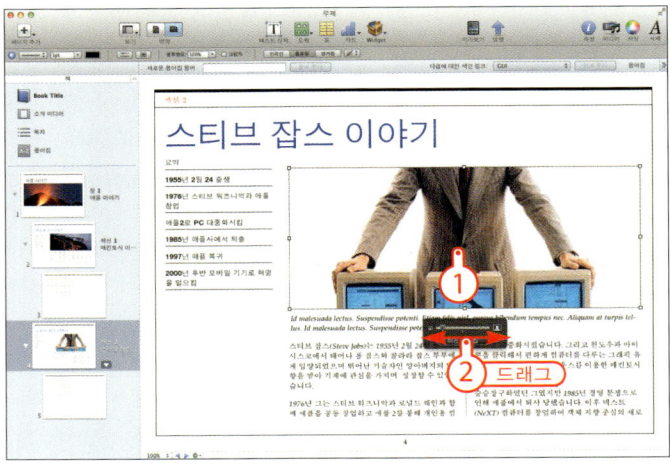

게이지를 왼쪽으로 이동하면 그림이 축소되고 오른쪽으로 이동하면 확대됩니다

3 | [마스크 편집] 버튼을 클릭한 후 그림을 마우스로 드래그해서 위치를 조절합니다.

마스크(Mask)란 지정한 영역에 만 선택한 요소가 나타나게 해주 는 기능입니다.

4 | 그림 테두리 부분을 클릭하면 나타나는 조절점을 드래그해서 화면에 보이게 할 영역을 조절합니다.

5 | 그림 설명 부분을 더블 클릭한 후 그림 설명을 수정합니다.

6 | 같은 방법으로 다른 페이지의 그림도 수정합니다. 포맷 막대에서 [그림자] 항목을 클릭해서 체크하면 그림 바깥쪽에 그림자 효과를 넣을 수 있습니다.

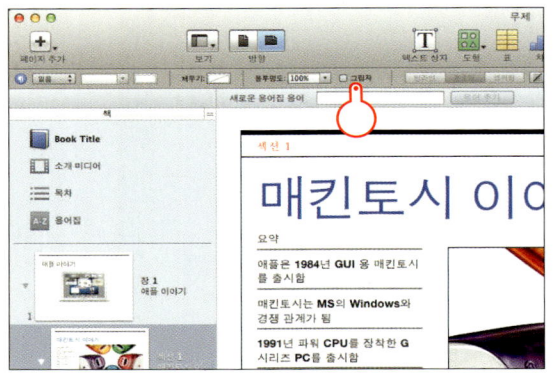 

[불투명도] 항목에서 그림의 투명도를 설정할 수 있습니다.

7 | 그림이 선택된 상태에서 [선 유형] 항목을 누른 다음 [없음]을 선택하면 그림 테두리에 표시되는 선을 보이지 않게 설정할 수 있습니다.

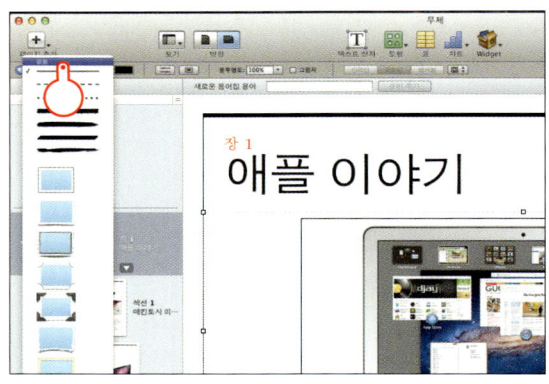 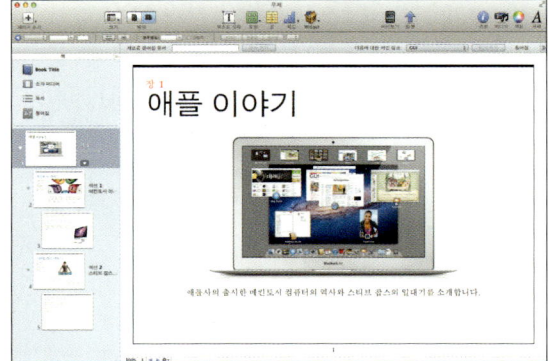

BOX | 그림 설정 창

그림을 선택한 후 기본 메뉴 막대의 ⓘ [속성] 버튼을 클릭한 후 [그래픽 속성] 탭을 클릭해서 그림자, 선 유형, 불투명도 효과를 세부적으로 조절할 수 있습니다. 그림자의 색 선택 부분을 클릭하면 [색상] 선택창이 나타나며 다양한 색을 선택할 수 있습니다.

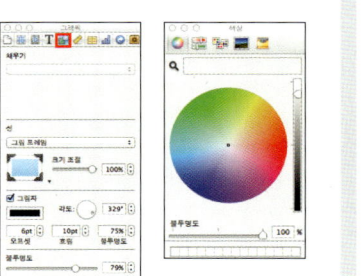

11
단 변경하고 글과 어울어지게
이미지 배치하기

문단이 길 경우 여러 개의 단으로 나누어서 꾸밀 수 있으며 반대로 단을 줄일 수도 있습니다. 여기서는 2단으로 구성된 문단을 1단으로 바꾸어서 꾸며 보겠습니다.

1 | 그림을 넣을 페이지를 연 후 포맷 막대에서 버튼을 클릭한 후 [1 Column]을 선택합니다.

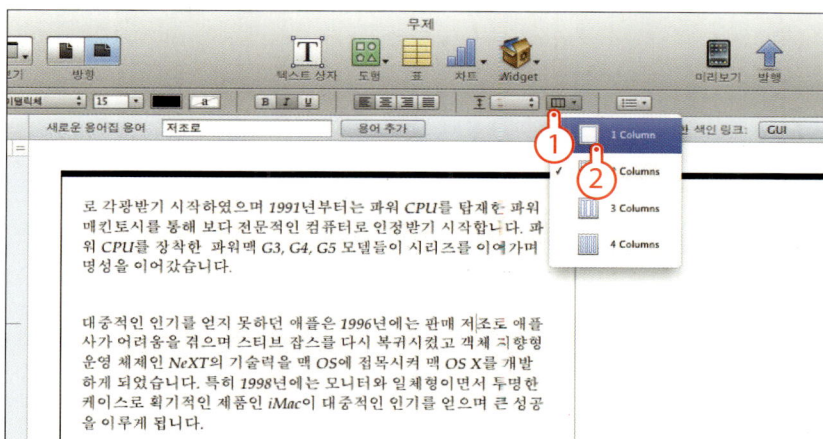

포맷 막대에서 최대로 설정할 수 있는 단은 최대 4개입니다.
[속성]-[레이아웃]의 [열] 항목에서 최대 10개까지 단을 설정할 수 있습니다.

2 | 경계선을 클릭한 후 [정렬] 메뉴에서 [잠금 해제]를 클릭합니다.

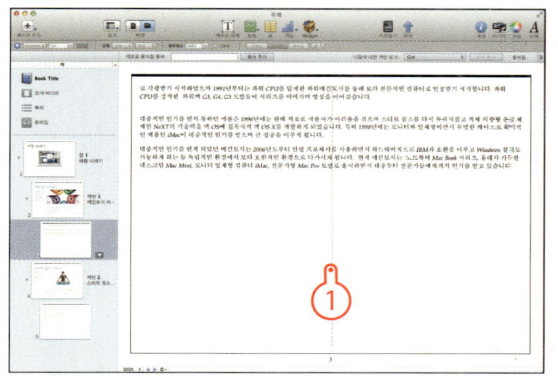
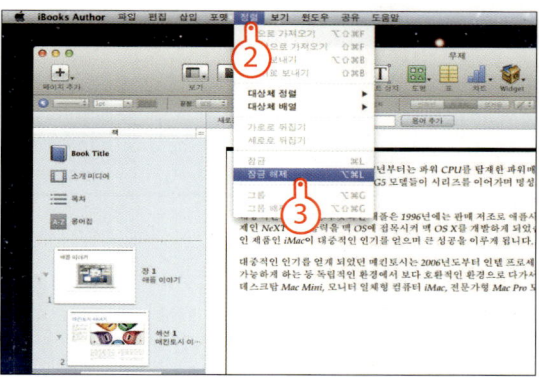

레이아웃에 사용된 선은 평상시에 수정하지 못하도록 잠금으로 고정되어 있습니다.

3 | 경계선이 선택되어 있는 상태에서 Delete 를 눌러 선을 삭제합니다.

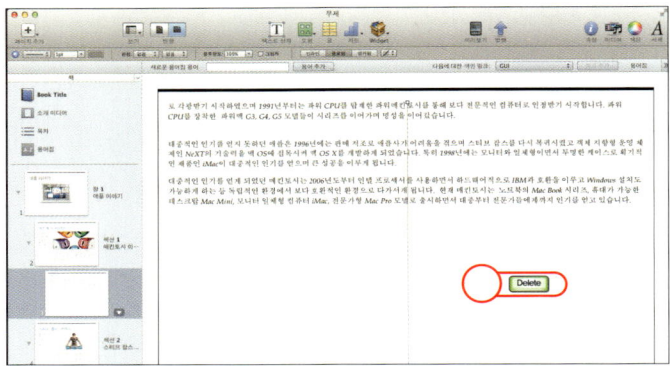

4 | [Finder]를 연 후 문서에 삽입할 이미지를 찾아서 문서로 드래그해서 그림을 삽입합니다.

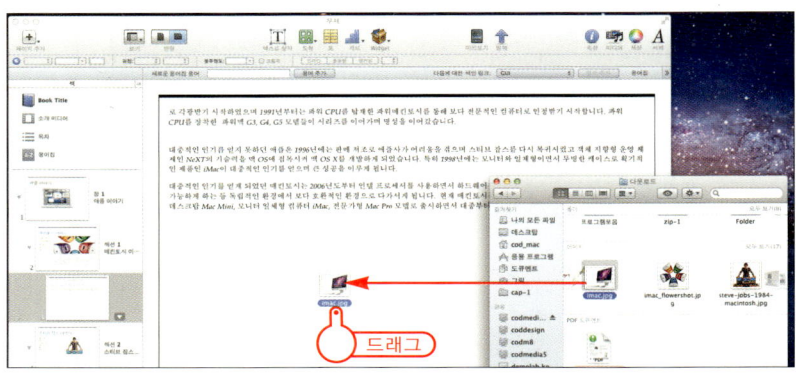

드래그

[기본 메뉴 막대]의 [미디어] 창을 열어서 사진을 찾아 가져올 수도 있습니다.

5 | 그림을 마우스로 드래그해서 위치를 조절합니다.

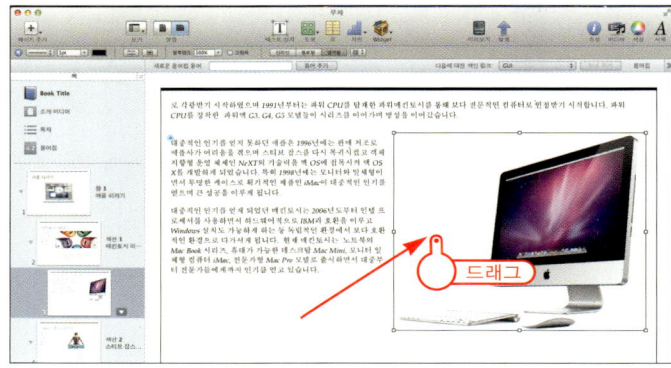

드래그

그림 테두리의 조절점을 드래그해서 크기를 조절할 수 있습니다.

6 | 그림의 일부를 투명하게 처리하기 위해서 [포맷] 메뉴에서 [이미지]─[인스턴트 알파]를 클릭합니다.

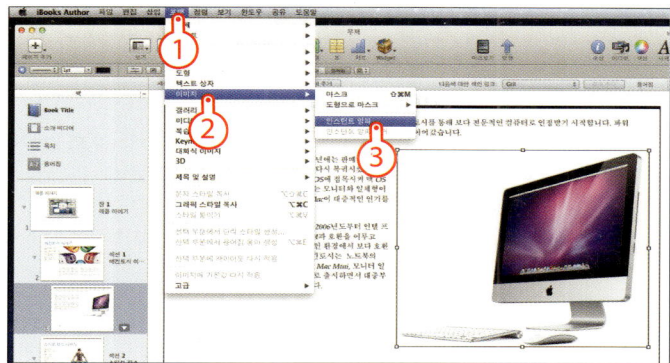

[인스턴트 알파]를 조절하여 그림의 일부를 투명하게
처리하면 투명처리된 영역으로 본문의 글이 위치하게
할 수 있습니다.

7 | 그림에서 투명하게 처리할 부분을 마우스로 드래그하면 투명하게 처리되는 부분이 연두색으로 표시됩니다. 정상
적으로 투명하게 처리되었으면 Enter 를 눌러 투명 처리를 완료합니다.

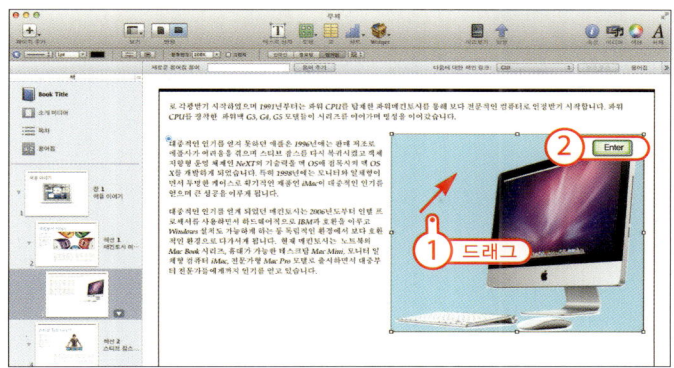

8 | [선 유형] 항목을 누른 다음 [없음]을 선택하여 그림 테두리에 표시되는 선을 보이지 않도록 합니다.

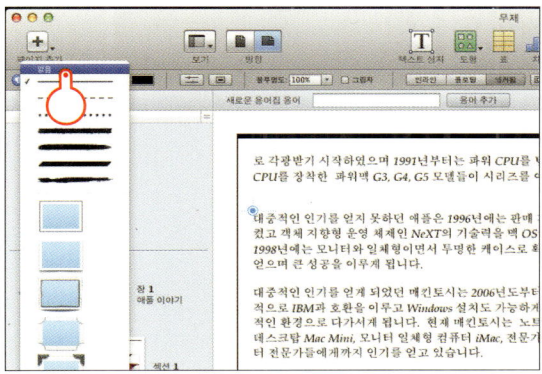

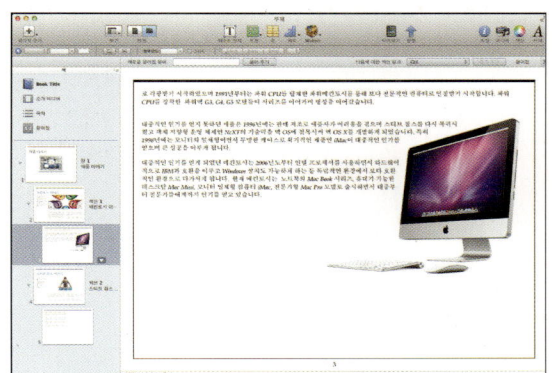

12 그림에 설명글 넣기

그림에 제목이나 설명글을 달려면 [속성] 패널을 이용하여 속성을 지정해주어야 합니다. [속성] 패널에서 레이아웃 배치를 변경하여 그림과 그림 요소 배치를 자유롭게 꾸밀 수 있습니다.

1 | 그림을 클릭한 다음 ⓘ 버튼을 클릭해서 [속성] 패널을 엽니다.

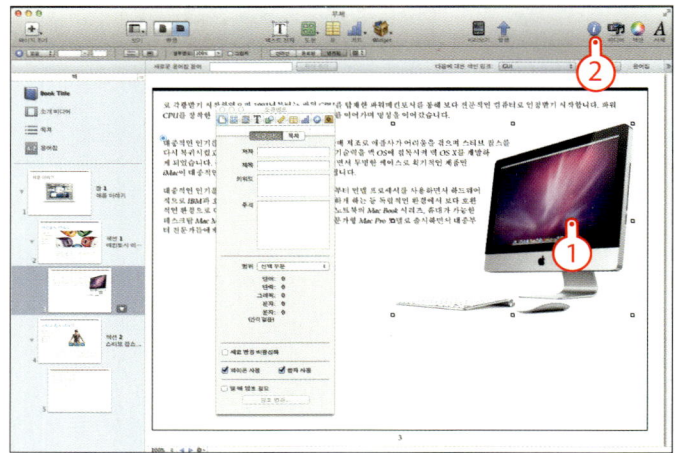

삽입된 이미지는 기본적으로 제목과
설명글이 나타나지 않도록 설정되어
있습니다.

2 | [속성] 패널에서 ⚙ 탭을 클릭한 다음 [레이아웃] 탭에서 [설명] 항목을 체크합니다.

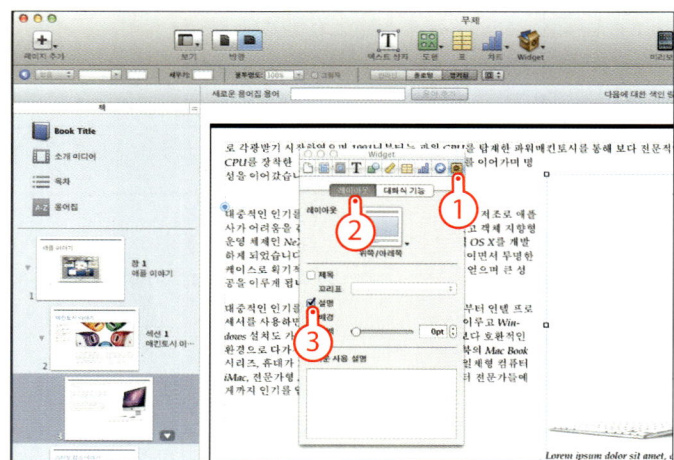

그림에 요소를 추가하면
글과 그림의 어울어짐 속
성이 사라집니다.

3 | 설명 글상자를 더블 클릭해서 내용을 입력합니다.

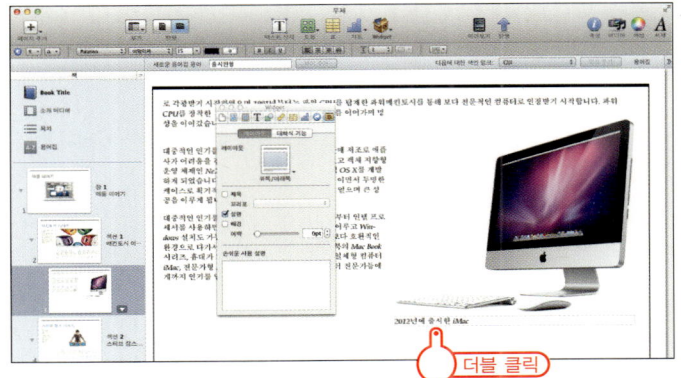

더블 클릭

[제목] 항목을 체크해서 그림에 제목 표시줄을
나타낼 수 있고, [배경] 항목을 체크해서 그림
테두리에 여백을 설정할 수 있습니다.

4 | [레이아웃] 버튼을 클릭한 다음 [자유 형식]을 선택합니다.

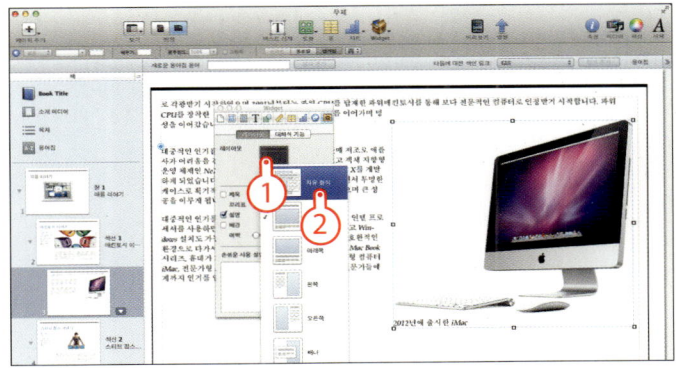

5 | 글과 그림이 어울어지게 표현됩니다.

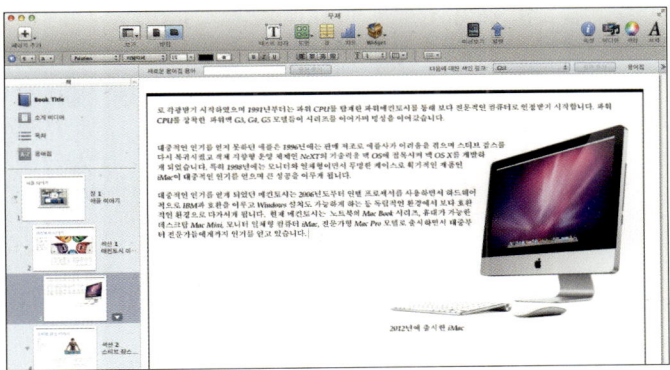

[자유 형식] 레이아웃을 선택하더라도 앞에서 [인스턴
스 알파]를 설정하여야 그림을 투명하게 처리한 부분만
본문의 글이 입력되도록 할 수 있습니다.

13 아이패드로 작업한 도서 확인하기

제작한 도서가 실제 아이패드로 어떻게 나타나는지 미리보기를 실행하여 내용을 확인할 수 있습니다. 도서 미리보기하는 방법과 아이북스에서 도서보는 방법에 대해서 알아보겠습니다.

1 | 아이패드를 USB 케이블을 이용하여 맥 PC와 연결합니다.

2 | 아이패드를 켠 후 📖 [iBooks] 아이콘을 눌러 프로그램을 실행합니다.

3 | 맥 PC에서 아이북스 오서로 미리보기할 문서를 연 후 ▦ [미리보기] 버튼을 클릭합니다.

아이패드를 연결하고 [미리보기]를 클릭하면 자동으로 아이패드의 [iBooks]의 보관함에 미리보기 책이 생성됩니다.

4 | 아이패드의 📖 [iBooks]에서 해당 도서가 열립니다. 하단의 페이지 목록을 눌러 열어 볼 페이지를 선택할 수 있습니다. 손가락을 좌우로 드래그해서 페이지를 넘겨 볼 수 있습니다.

5 | 그림을 클릭하면 전체 화면으로 그림이 나타납니다. 그림 밑에는 그림 설명글이 나타납니다.

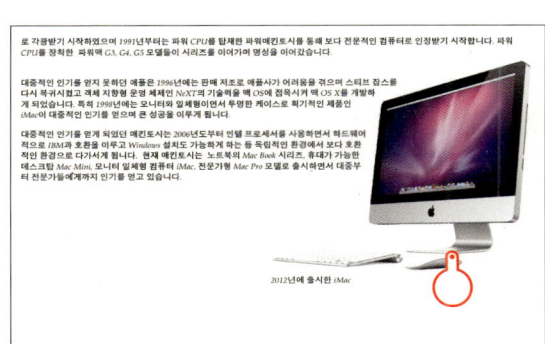

그림에 제목을 삽입한 경우 창 상단에 제목이 표시됩니다.

6 | 화면을 탭하면 상단에 메뉴가 나타납니다. ▤ 버튼을 누른 다음 [용어집]을 누르면 용어집 페이지가 열립니다.

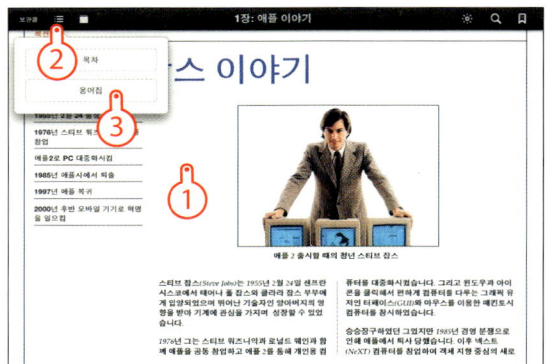
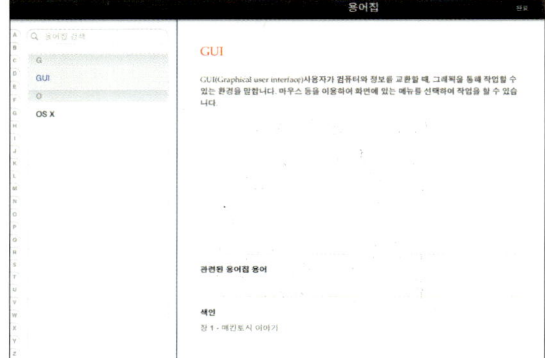

7 | ▤ 버튼을 누른 다음 [목차]를 누르면 하단에 페이지 목록이 나타납니다. 이동할 페이지 목록을 눌러 해당 페이지로 이동할 수 있습니다.

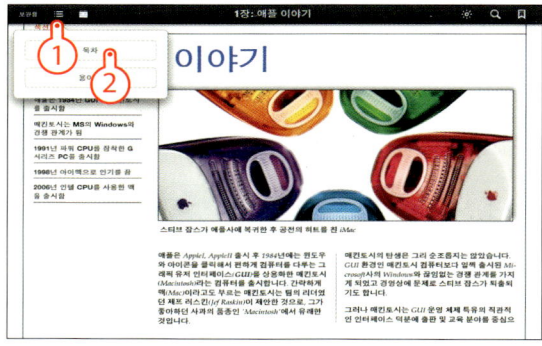

도서에 포함되는 '장'이 여러 개인 경우 하단 페이지 목록 밑에 장 표시 목록(◀ ▦ ▸)이 나타납니다. 이 목록을 눌러 장을 이동할 수 있습니다.

8 | 🔍 버튼을 누르면 나타나는 글상자에서 검색할 단어를 입력하면 해당 단어가 있는 페이지 목록이 나타납니다. 목록을 눌러 해당 페이지로 이동할 수 있습니다.

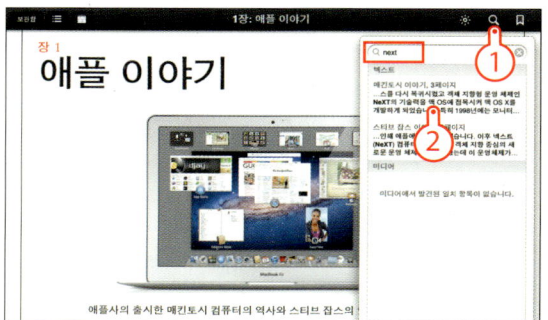
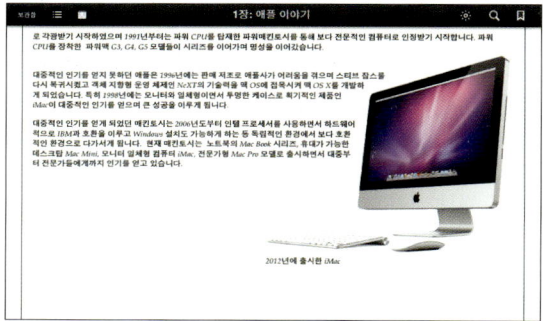

9 | 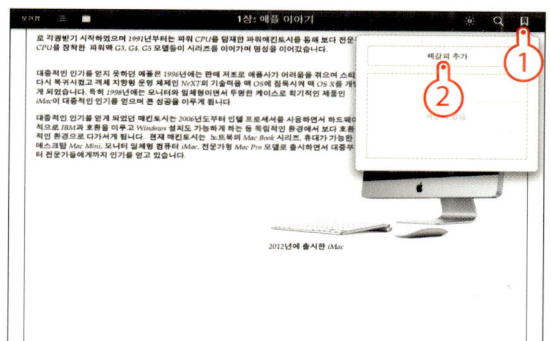 버튼을 누르면 나타나는 목록에서 [책갈피 추가]를 누릅니다. 현재 열려 있는 페이지가 등록됩니다. 언제든지  버튼을 눌러 책갈피로 등록한 페이지로 이동할 수 있습니다.

10 | 아이패드를 세로 보기로 돌리면 도서 레이아웃이 세로 방향으로 바뀝니다.

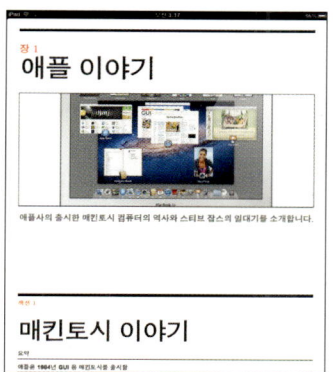

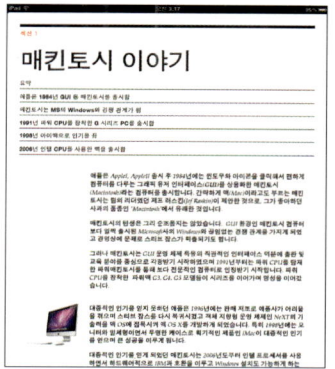

세로 보기에서는 위 아래로 스크롤하여 내용을 볼 수 있습니다.

11 | [보관함] 버튼을 누르면 도서가 닫히고 [iBooks] 도서 목록이 나타납니다.

미리 보기로 실행한 도서는 'Proof' 라고 표시됩니다.

14 작업한 도서 저장하기

아이북스 오서로 제작한 도서는 저장을 통해 언제든지 다시 작업한 내용을 불러 올 수 있는 아이북스 오서 파일 형식으로 저장할 수 있을 뿐만 아니라 IBM PC에서도 볼 수 있는 PDF 파일 형식으로 저장할 수 있습니다.

1 | 작업한 도서를 저장하기 위해서 [파일] 메뉴에서 [저장]을 클릭합니다.

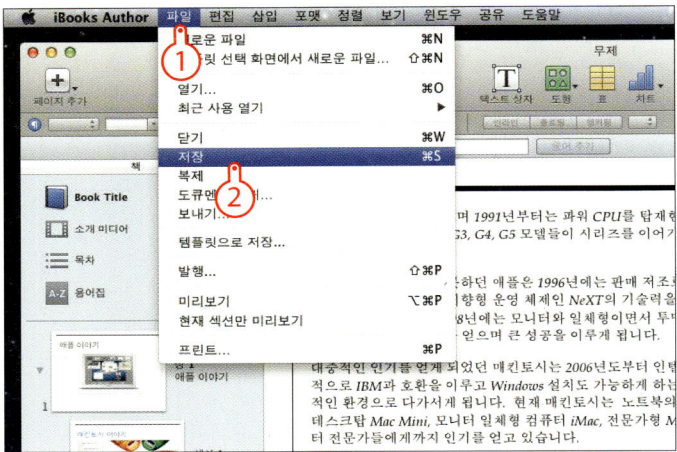

2 | [별도 저장] 항목에 파일 이름을 입력한 후 [저장] 버튼을 클릭합니다.

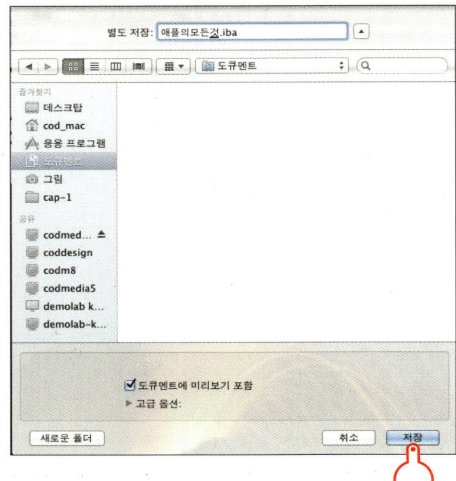

아이북스 오서의 기본 파일 형식은 *.iba입니다. [Finder]에서 이 파일을 더블 클릭하여 아이북스 오서로 재작업할 수 있습니다.

3 │ 제작한 도서를 PDF로 저장하기 위해서 [파일] 메뉴에서 [보내기]를 클릭합니다.

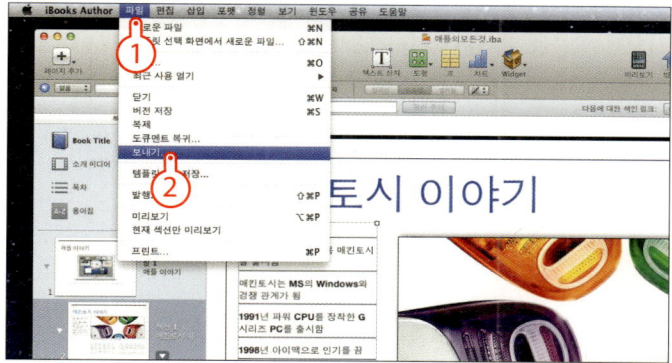

[보내기]는 작업한 문서를 아이북스 출판용 문서, PDF, 텍스트 문서로 저장할 수 있도록 해줍니다.

4 │ [PDF] 탭을 클릭한 후 [다음] 버튼을 클릭합니다.

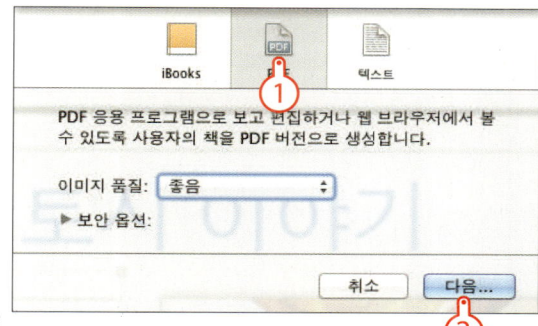

[iBooks]는 작업한 도서를 도서 발행할 때 사용할 수 있는 파일 형식(*.ibooks)으로 저장해주는 도구이고 [텍스트]는 도서 내용을 텍스트 문서 파일(*.txt)로 저장해주는 도구입니다.

5 │ [별도 저장] 항목에 파일 이름을 입력한 후 [보내기] 버튼을 클릭해서 PDF 파일로 저장합니다.

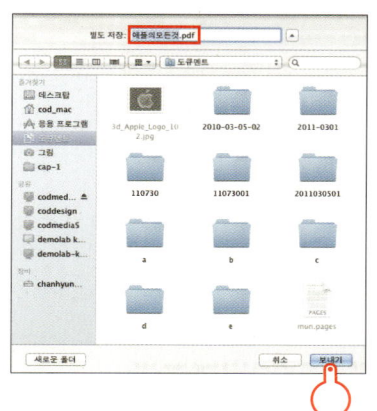 

PDF 파일은 문서 환경에 상관없이 문서를 이미지처럼 보이도록 해주는 문서 형식입니다.
PDF 리더가 설치되어 있다면 맥 PC 뿐만 아니라 IBM PC에서도 열어 볼 수 있습니다.

3

미디어와 위젯 편집 작업

텍스트를 입력하는 글상자 삽입하기

텍스트 상자는 글을 입력할 수 있는 상자를 말합니다. 텍스트 상자는 크기와 위치를 바꿀 수 있기 때문에 원하는 곳에 글자를 배치할 때 사용합니다. 또한 텍스트 상자에 배경색을 넣거나 테두리에 속성을 설정해서 꾸밀 수 있습니다.

1 | 글상자를 삽입할 페이지를 연 후 [T] [텍스트 상자] 버튼을 클릭합니다.

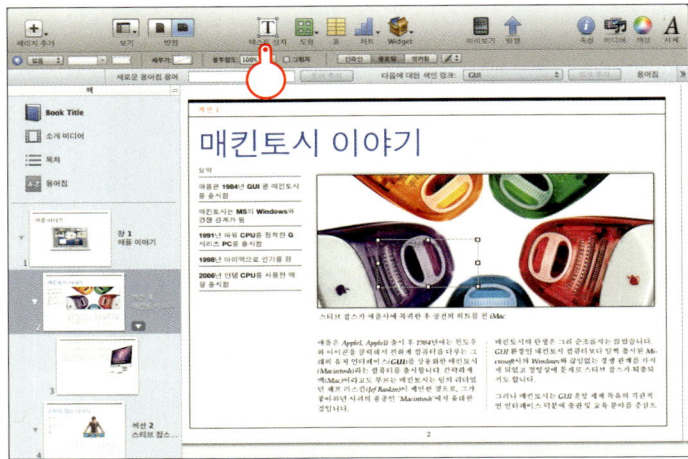

제목, 본문, 설명글 등 책의 내용을 글상자를 사용하여 입력하면 스타일을 변경하거나 위치를 이동하기 편리합니다.

2 | 상자를 마우스로 드래그해서 위치를 설정합니다.

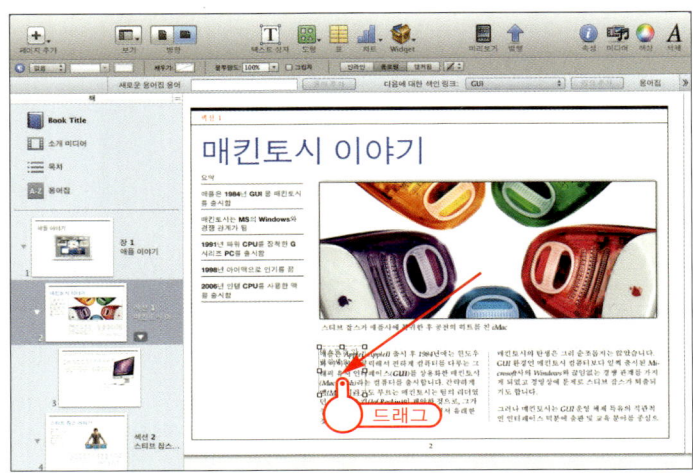

글상자 테두리의 조절점을 드래그해서 크기를 조절합니다.

3 | 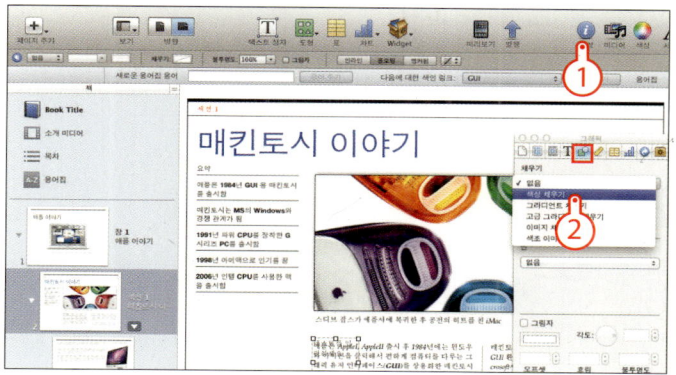 버튼을 클릭해서 [속성] 패널을 연 후 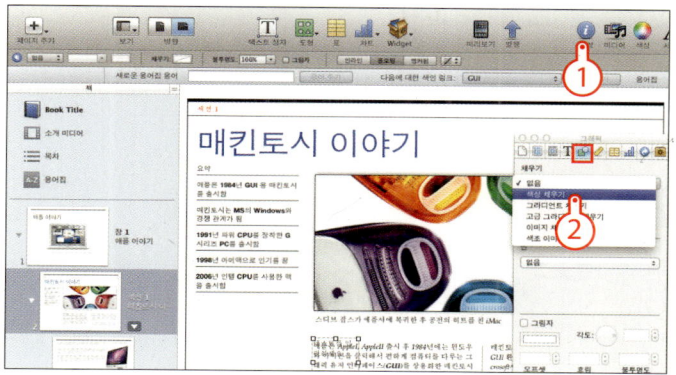 탭을 클릭합니다. 색을 채우기 위해서 [채우기] 항목에서 내림 버튼을 클릭한 후 [색상 채우기]를 선택합니다.

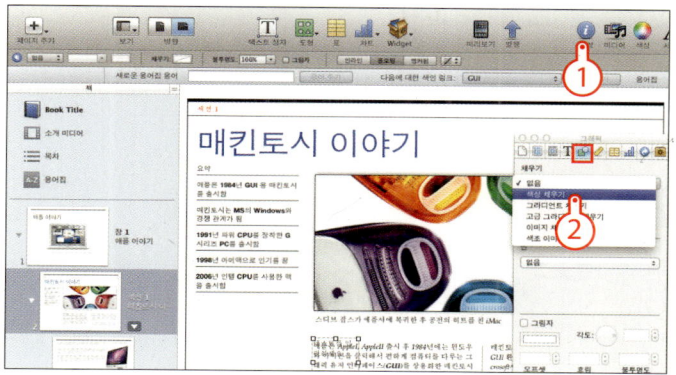

4 | [색상] 패널 창이 열리면 팔레트에서 배경에 사용할 색을 선택합니다.

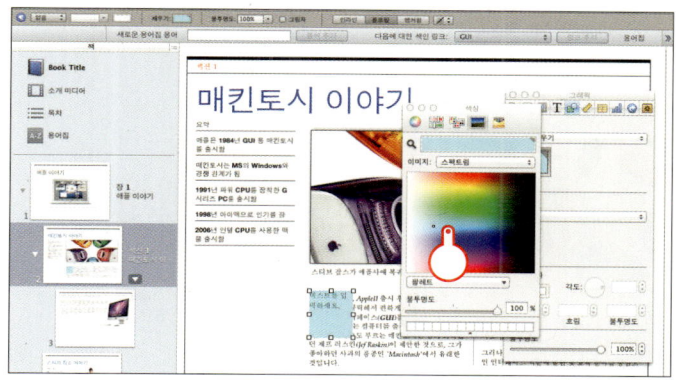

사용하지 않은 패널은 닫기 버튼을 클릭해서 창을 닫습니다.

5 | 테두리에 선을 표시하기 위해서 [선] 항목의 내림 버튼을 클릭한 후 [선]을 선택합니다.

[그림 프레임] 항목을 선택하면 [글 상자]에 다양한 액자 효과를 넣을 수 있습니다.

6 | 선 종류의 내림 버튼을 클릭한 후 선 모양을 선택합니다.

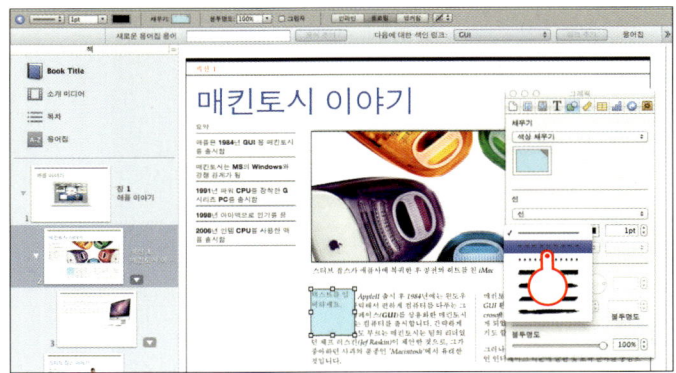

선 색상 항목을 클릭해서 선 색상을 설정하고 선 두께 항목의 내림 버튼을 클릭해서 선 두께를 지정합니다.

7 | [속성] 패널에서 🖼 탭을 클릭한 후 [대상체를 기준으로 줄바꿈] 항목을 클릭합니다. 글상자 옆에 본문 글을 배치하기 위해서 🖼 버튼을 클릭합니다.

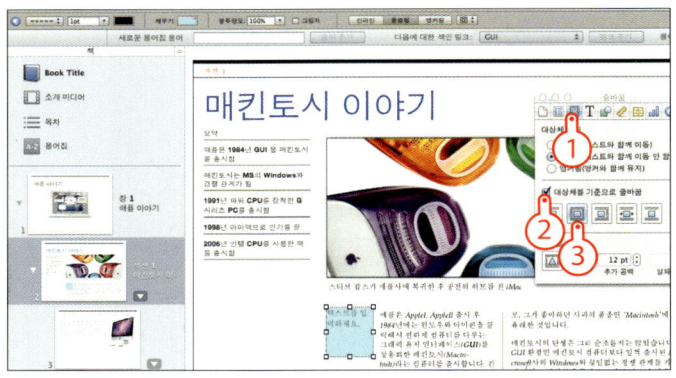

[대상체를 기준으로 줄바꿈] 항목을 활성화하지 않으면 텍스트와 글상자가 서로 겹쳐집니다.

8 | 글상자 안을 클릭한 후 글을 입력해서 꾸밉니다.

도형으로
팁 박스 만들기

도형은 둥근 사각형, 별 모양 등 다양한 도형을 그릴 수 있도록 해주는 도구입니다. 도형의 조절점을 조절하여 형태를 변경할 수 있으며 도형 안에 글을 입력해서 꾸밀 수 있습니다. 여기서는 도형을 그려보고 그림 프레임을 이용하여 팁 박스를 만들어 보겠습니다.

1 | 도형을 삽입할 페이지를 연 후 [도형] 버튼을 클릭하면 나타나는 도형 목록에서 둥근 사각형 도형을 선택합니다.

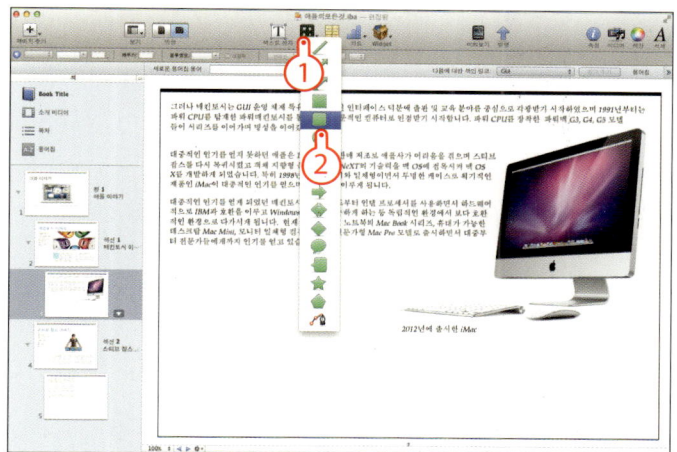

상단 메뉴의 [삽입]-[도형]에서
삽입하고자 하는 도형을 선택
할 수 있습니다.

2 | 도형을 드래그해서 위치를 이동하고 조절점을 드래그해서 크기를 조절합니다. 둥근 모서리에 위치해 있는 조절점을 드래그해서 곡률을 조절할 수 있습니다.

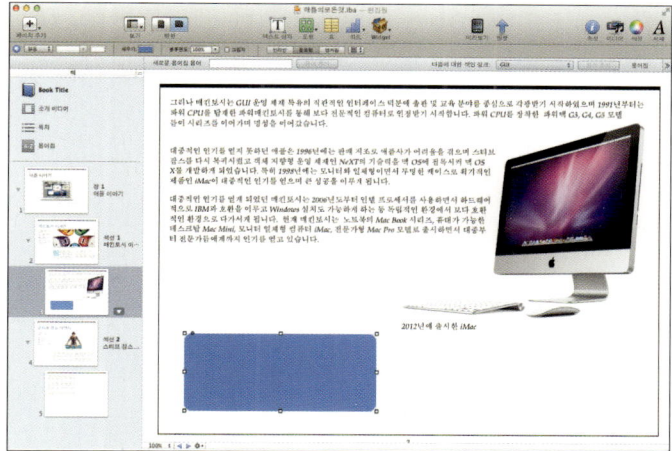

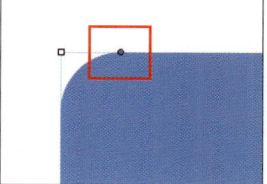

3 | [속성] 패널을 연 후 🖌 탭을 클릭합니다. 그라디언트로 색을 채우기 위해서 [채우기] 항목에서 내림 버튼을 클릭한 후 [그라디언트 채우기]를 선택합니다.

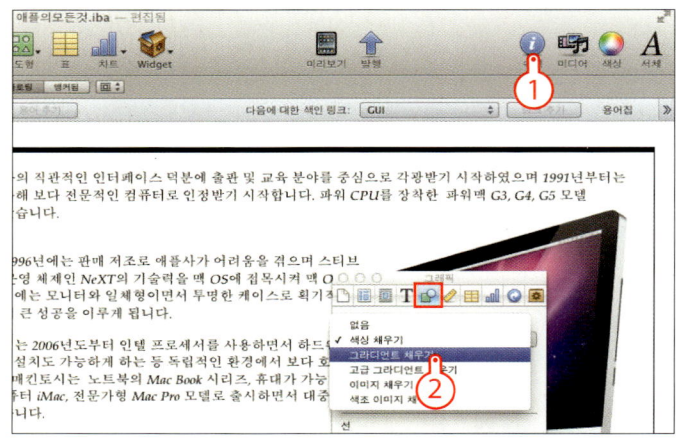

[이미지 채우기]를 선택하면 이미지 파일을 불러와서 도형에 삽입할 수 있습니다.

4 | 시작색과 끝색 버튼을 클릭하면 나타나는 [색상] 패널의 팔레트에서 시작색과 끝색으로 사용할 색을 선택합니다.

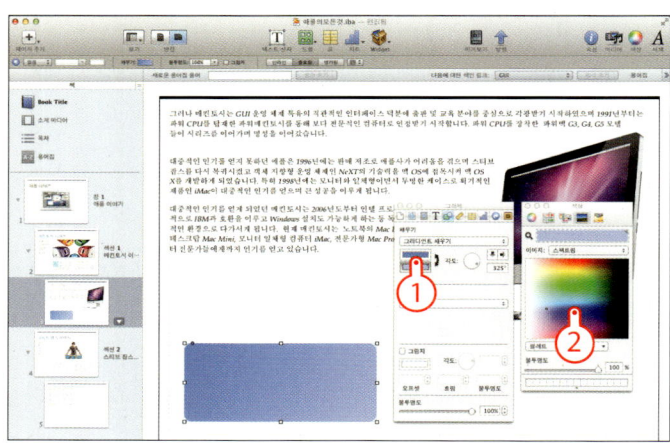

[고급 그라디언트 채우기]를 선택하면 시작색과 끝색 사이에 색이 변화되는 과정을 조절할 수 있습니다.

BOX | **자유 곡선으로 도형 그리기**

🔲, [도형] 버튼을 누른 후 🖉 버튼을 누르면 자유롭게 선을 그려서 도형을 만들 수 있습니다. 선을 그릴 부분을 눌러 조절점을 만든 후 드래그하여 선의 방향을 설정합니다. 같은 방법으로 조절점을 찍어서 도형을 그립니다. 그리기 도중 Esc 를 눌러 그리기를 취소할 수 있습니다.

5 | 도형에 효과를 넣기 위해서 [선] 항목을 클릭한 후 [그림 프레임]을 선택하면 나타나는 목록에서 그림 프레임 목록에서 사용할 효과를 선택합니다.

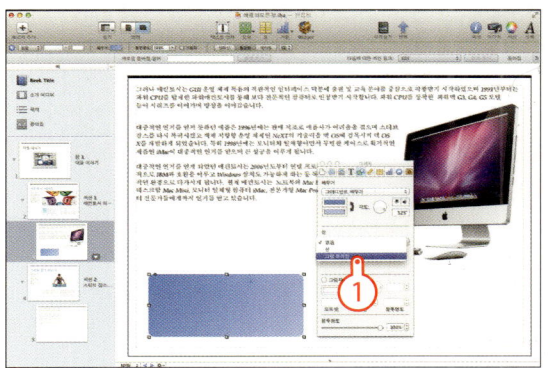
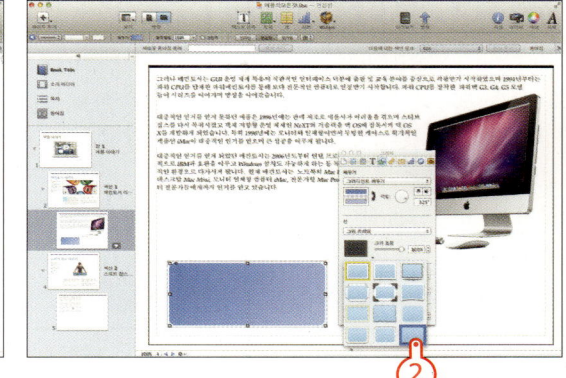

6 | 도형 안을 클릭한 다음 글을 입력해서 꾸밉니다.

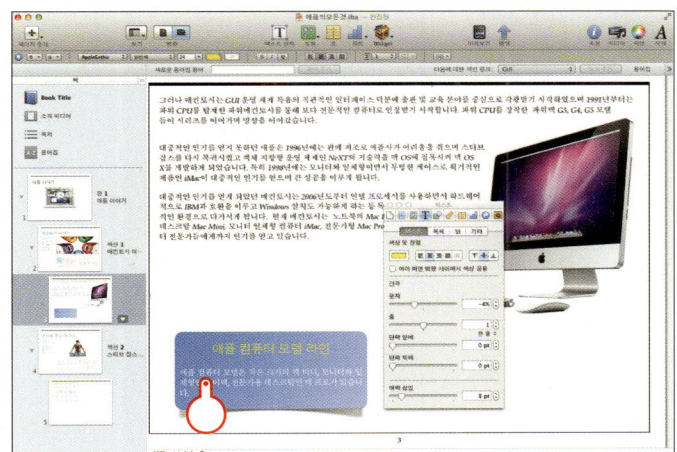

[속성] 패널에서 T 탭을 클릭하면 나타나는 속성을 이용하여 글자 속성을 설정할 수 있습니다.

BOX | **텍스트의 간격 속성**

문자 : 글자와 글자 간격을 조절합니다.
줄 : 줄 간격을 조절합니다.
단락 앞에 : 선택한 단락과 앞의 단락과의 간격을 조절합니다.
단락 뒤에 : 선택한 단락과 뒤의 단락과의 간격을 조절합니다.
여백 삽입 : 단락의 위, 아래, 좌우의 여백을 조절합니다.

03

표를 삽입해서
자료 작성하기

표는 여러 개의 셀로 구성되어 있는 요소로 각 셀에 데이터를 입력하여 자료를 한 눈에 알아볼 수 있도록 꾸밀 수 있습니다. 여기서는
6개의 행과 3의 열로 구성되어 있는 표를 만들어 보겠습니다.

1 | 표를 그릴 페이지를 연 후 ⊞ [표] 버튼을 클릭합니다.

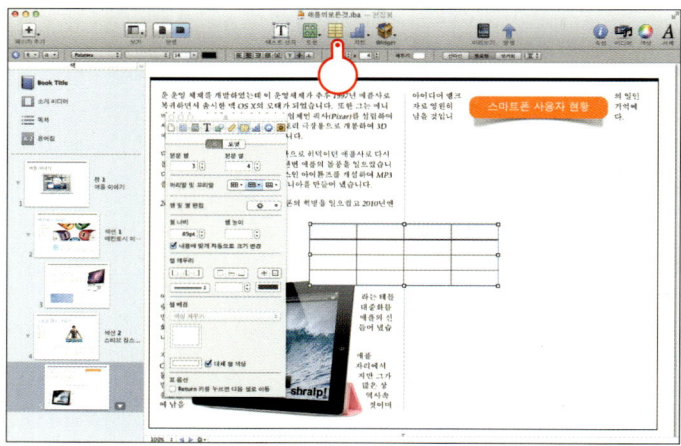

[표] 버튼을 클릭하면 자동으로 머리말 1행을 포함해
서 4행 4열의 표가 삽입됩니다. 상단 메뉴의 [삽입]–
[표]를 클릭해서 표를 삽입할 수도 있습니다.

2 | 표를 마우스로 드래그해서 위치를 이동하고 조절점을 드래그해서 크기를 조절합니다.

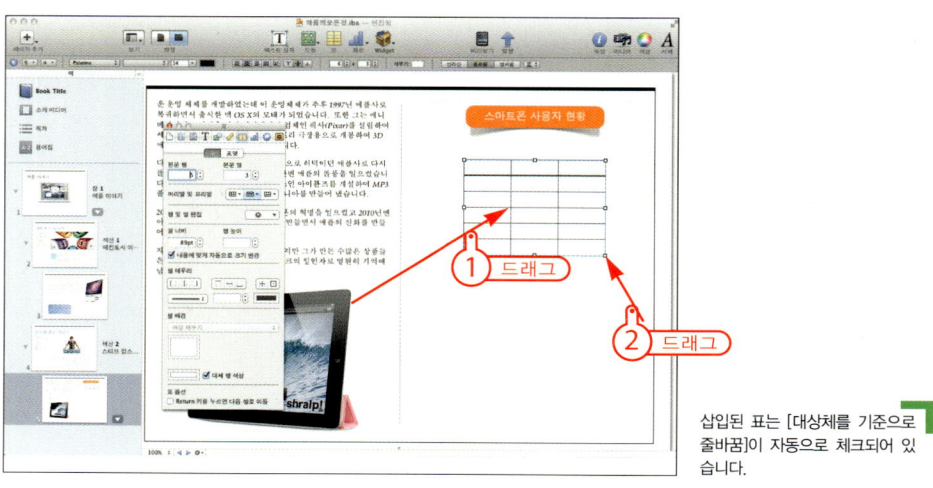

삽입된 표는 [대상체를 기준으로
줄바꿈]이 자동으로 체크되어 있
습니다.

3 | [속성] 패널에서 ⊞ 탭을 클릭한 다음 [분문 행]과 [본문 열] 항목에 만들 표의 행과 열의 수를 입력합니다.

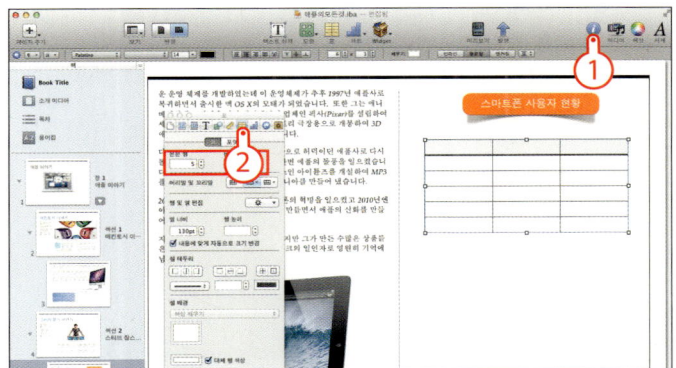

[본문 행]을 입력할 때 제목 행을
제외한 행의 개수를 입력합니다.

4 | 표의 각 셀을 클릭해서 자료를 입력합니다.

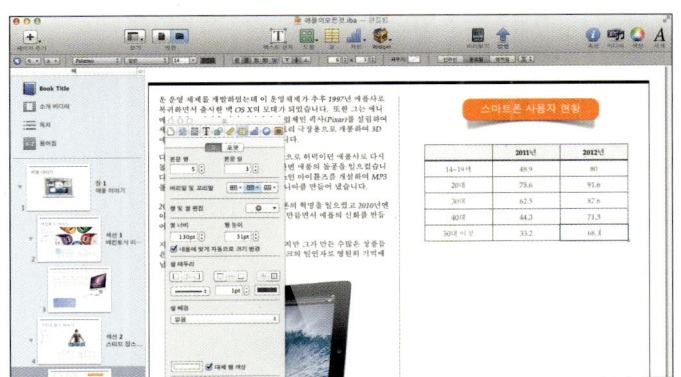

표에 입력되는 자료의 특성에 따라서
[머리말 및 꼬리말] 항목에서 제목행을
설정합니다.

5 | 셀을 선택하기 위해서 표를 더블 클릭해서 셀을 선택합니다. Shift 를 누른 상태에서 함께 선택할 셀을 클릭합
니다.

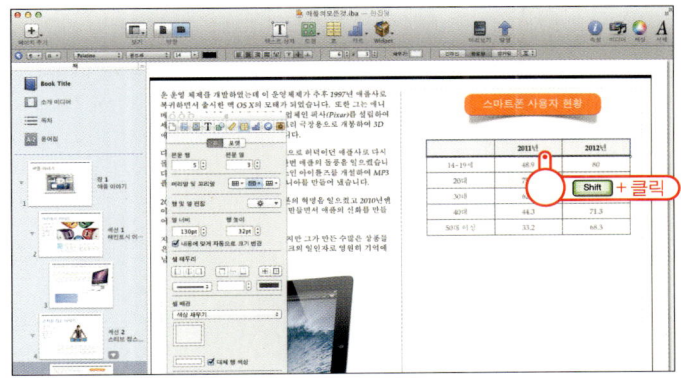

표를 한 번 클릭하면 표 전체가 선택되고
표를 더블 클릭하면 표를 구성하는 각 셀
을 선택할 수 있습니다.

6 [속성] 패널의 ⊞ 탭에서 [셀 배경]의 내림 버튼을 클릭해서 [색상 채우기]를 선택합니다. 색상 버튼을 클릭해서 배경에 채울 색을 선택합니다.

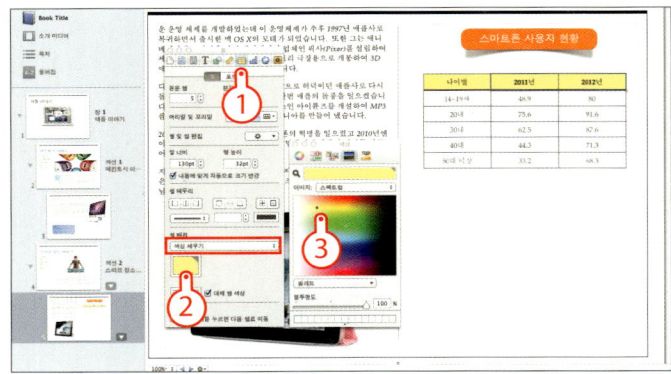

[대체 행 색상]을 선택하면 표의 짝수 행의 바탕색을 지정하여 행 간을 쉽게 구분할 수 있도록 해줍니다.

7 표를 클릭해서 선택한 상태에서 [셀 테두리] 항목의 ⊞ 버튼을 클릭한 후 셀 테두리에 지정할 선 종류와 두께를 선택합니다.

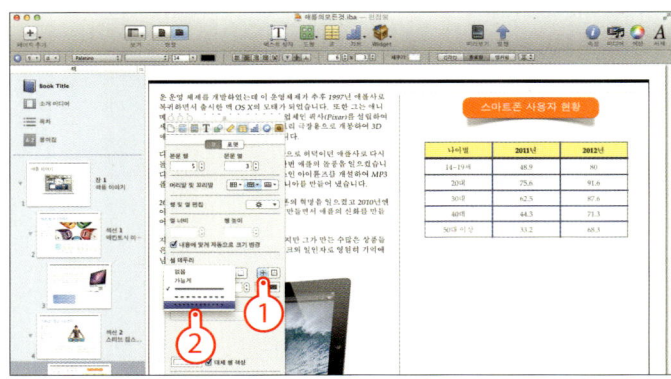

8 ⊞ 버튼을 클릭한 후 셀 종류와 색상 항목에 표 바깥쪽 셀 테두리에 지정할 선 종류와 두께를 선택해서 표를 꾸밉니다.

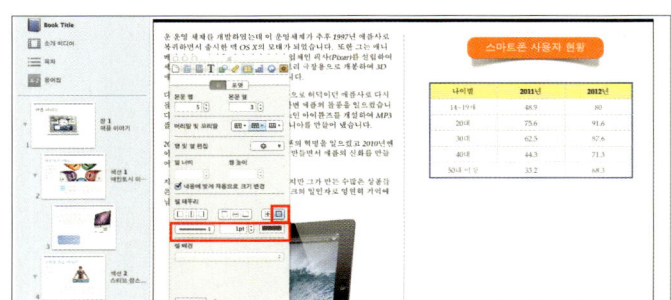

표의 셀 바깥쪽 테두리와 안쪽 테두리에 지정할 선의 종류와 두께를 따로따로 지정해야 합니다.

차트를 이용하여
자료 한 눈에 파악하게 만들기

차트는 데이터를 한 눈에 비교해서 파악할 수 있도록 해주는 요소입니다. 아이북스 오서에는 다양한 종류의 차트를 제공하며 차트의 속성을 변경하여 입체감있는 차트를 만들 수 있습니다.

1 | 차트를 삽입할 페이지를 연 후 ▦ [차트] 버튼을 클릭하면 나타나는 차트 모양에서 작성할 차트를 선택합니다.

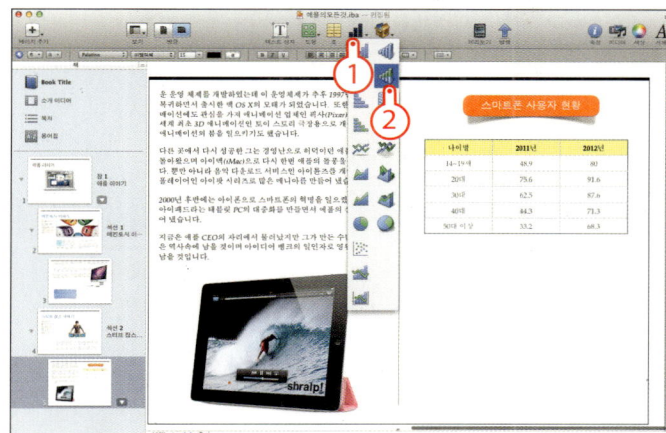

상단 메뉴의 [삽입]-[차트] 에서 원하는 차트를 클릭 해 삽입할 수도 있습니다.

2 | 차트가 삽입되면 차트를 드래그해서 차트를 넣을 위치로 이동합니다.

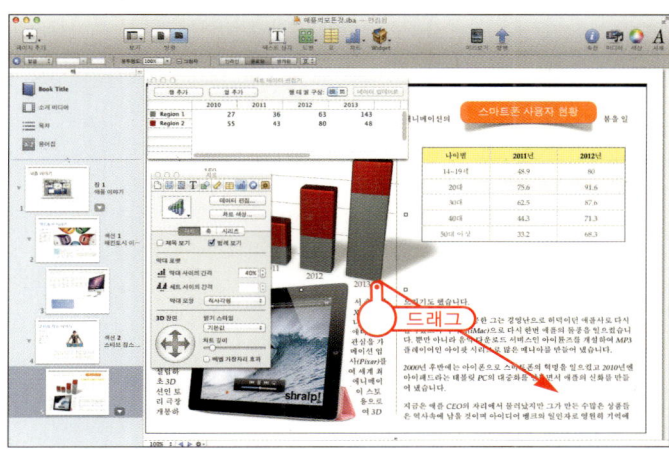

차트가 삽입되면 차트 속성창이 함께 열 립니다. 차트 테두리의 조절점을 드래그 해서 차트 크기를 조절합니다.

3 | [속성] 패널의 📊 탭을 클릭한 다음 [막대 모양] 항목의 내림 버튼을 클릭해서 [원기둥형]을 선택합니다.

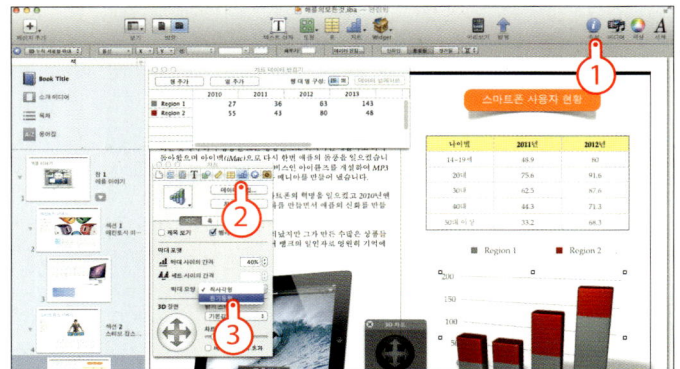

[3D 차트] 패널의 방향키를 회전시킬
방향으로 드래그해서 차트의 방향을 회
전시킬 수 있습니다.

4 | [차트 데이터 편집기] 창에서 각 칸을 클릭해서 차트에 사용할 자료를 입력합니다.

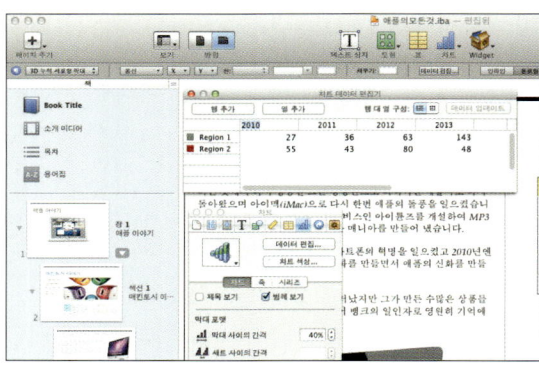
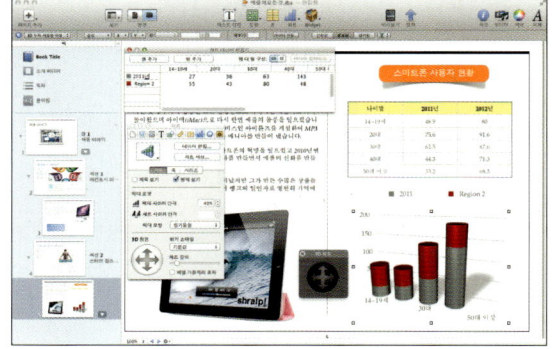

5 | 차트를 더블 클릭한 후 차트를 구성하는 글자를 클릭해서 선택한 후 포맷 막대의 글자 서식을 이용하여 글자
속성을 적당하게 꾸며서 차트를 완성합니다.

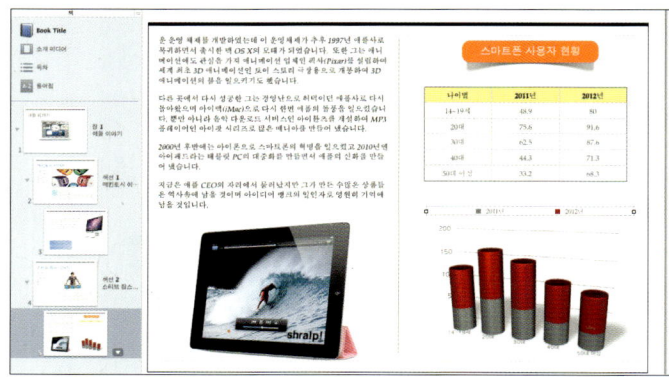

행이나 열 이름의 글자 크기가 너무
크면 데이터 이름이 생략되어 보일
수 있습니다.

05

여러 장의 그림을 넘겨보는 갤러리 삽입하기

[Widget]은 동적 처리 요소를 추가해주는 도구입니다. [Widget] 도구 중 [갤러리]는 여러 장의 그림을 지정된 공간에 등록시켜두어 사용자가 손가락으로 드래그해서 그림을 넘겨 볼 수 있도록 해주는 기능입니다. 여러 장의 설명 사진을 보여 줄 때 많이 사용합니다.

1 | [갤러리]를 삽입할 페이지를 연 다음 🌐 [Widget] 버튼을 클릭하면 나타나는 목록에서 🖼 [갤러리]를 선택합니다.

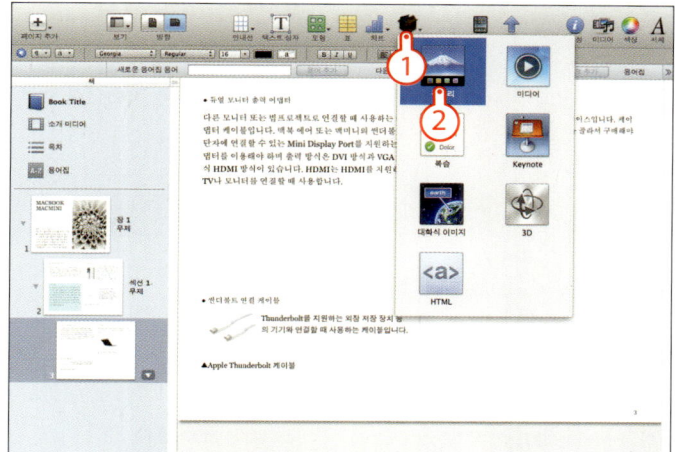

[갤러리]는 설명이 있는 여러 장의 그림을 사용자가 드래그해서 넘겨 볼 수 있도록 해주는 도구입니다.

2 | 갤러리에 사용할 그림 파일을 선택한 후 [갤러리] 상자로 드래그하여 그림을 추가합니다.

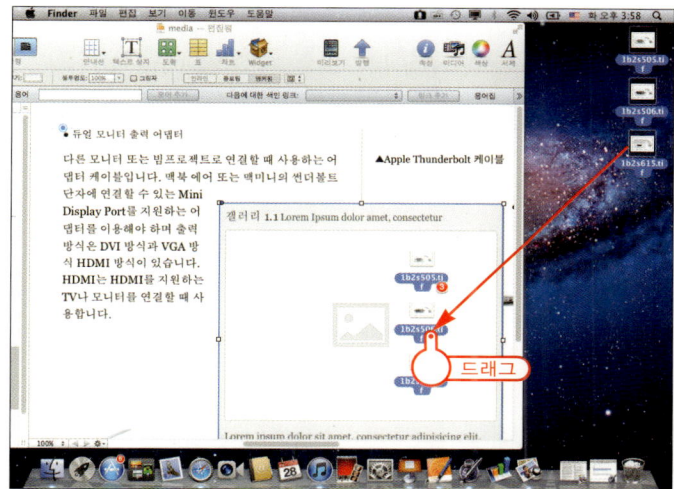

갤러리에 등록되는 그림 순서는 추가한 그림 순서대로 등록되고 동시에 여러 개 그림을 추가할 경우에는 이름 순으로 등록됩니다.

미디어와 위젯 편집 작업

3 | 그림 아래의 설명 글상자를 클릭한 후 그림에 대한 설명글을 입력합니다.

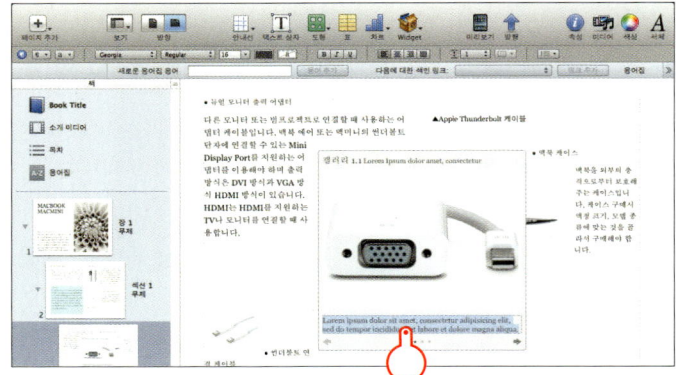

[갤러리] 상자의 레이아웃
모양은 사용된 템플릿마다
다릅니다.

4 | 다음 그림을 보기 위해 [갤러리] 상자 오른쪽 하단에 위치해 있는 화살표를 클릭한 다음 같은 방법으로 다른
그림에도 설명을 넣어서 갤러리를 꾸밉니다.

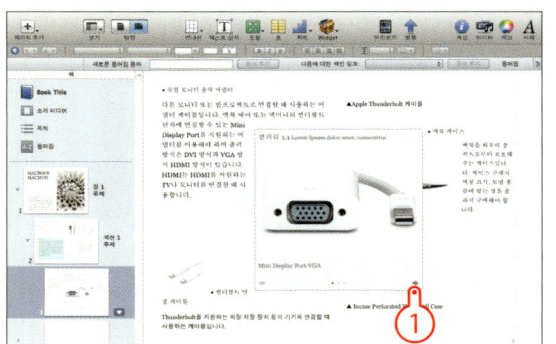 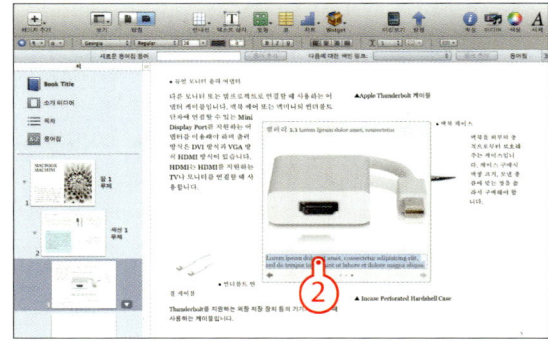

미리보기나 발행 후에는 손가락으로 밀어서 다음 이미지를 넘겨 볼 수 있습니다.

5 | [갤러리] 상자의 상단 제목 표시줄을 클릭한 다음 갤러리 제목을 입력합니다.

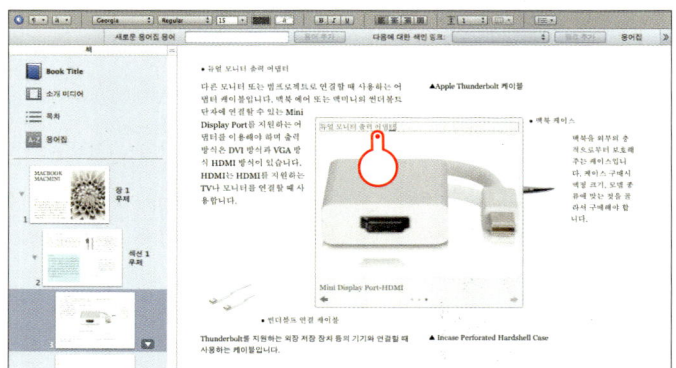

갤러리 제목은 그림이
바뀌어도 항상 표시되
는 제목입니다.

6 | [갤러리] 상자를 드래그해서 배치하고 조절점을 드래그해서 크기를 적당하게 조절합니다.

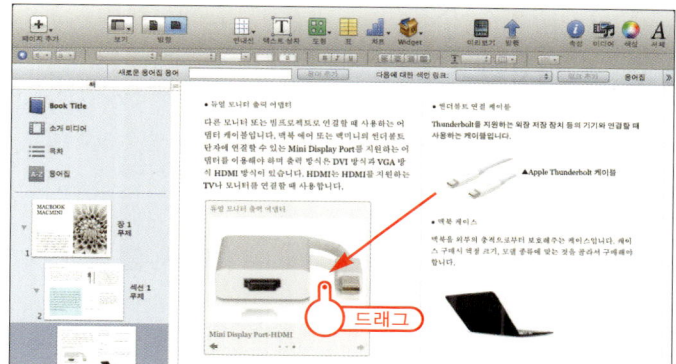

7 | 🛈 버튼을 클릭해서 [속성] 패널을 연 후 ⚙ 탭을 클릭합니다. [축소판 보기] 항목을 클릭해서 체크하면 [갤러리] 상자 하단에 전체 그림을 작은 그림으로 미리 보여줍니다.

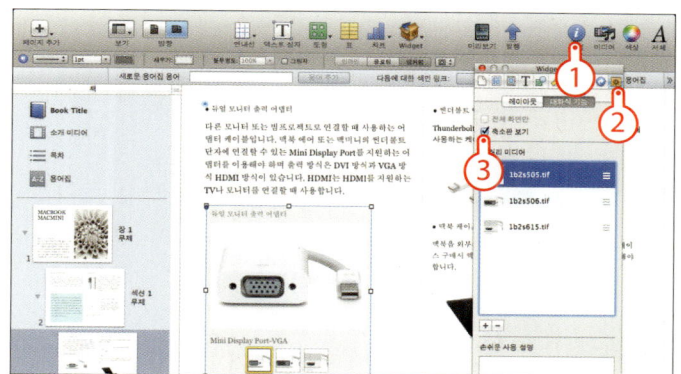

⚙ 탭에서 [레이아웃]을 클릭하면 [갤러리] 상자의 구성 배치를 수정할 수 있습니다.

8 | 아이패드를 맥 PC에 연결한 다음 📱 [미리보기] 버튼을 클릭해서 미리 보기를 실행합니다. [갤러리]에서 사진을 좌우로 드래그하거나 하단의 썸네일 그림을 눌러 그림을 넘겨 볼 수 있습니다.

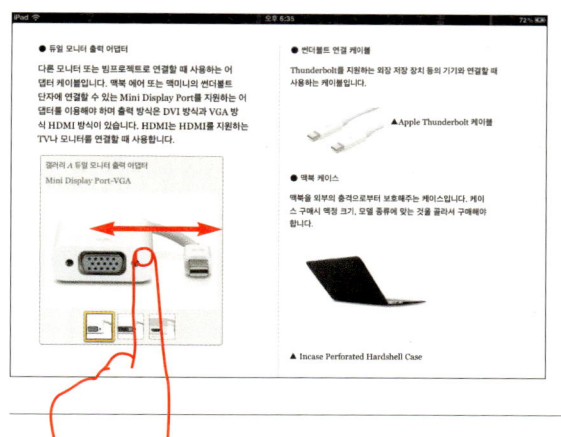

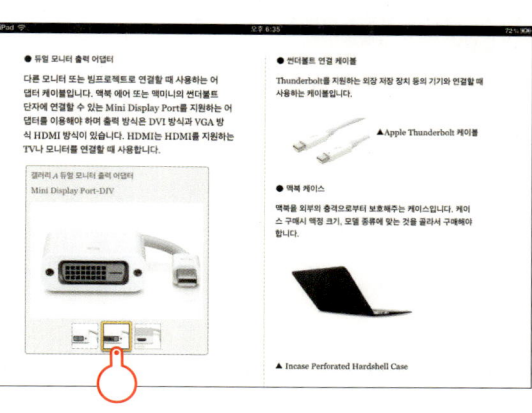

설명을 대화식으로
표현해주는 [대화식 이미지] 위젯

[대화식 이미지]는 하나의 그림에서 특정 부분에 대한 위치와 설명을 표시해주는 도구입니다. 여러 위치에 설명을 달 수 있고 위치가
바뀔 때 줌인 줌아웃 효과로 동적인 표현이 가능합니다. 상품에 대한 부위 설명 등을 달 때 유용하게 사용할 수 있습니다.

1 | [대화식 이미지]를 삽입할 페이지를 연 다음 🎲 [Widget] 버튼을 클릭하면 나타나는 목록에서 🖼 [대화식 이
미지]를 선택합니다.

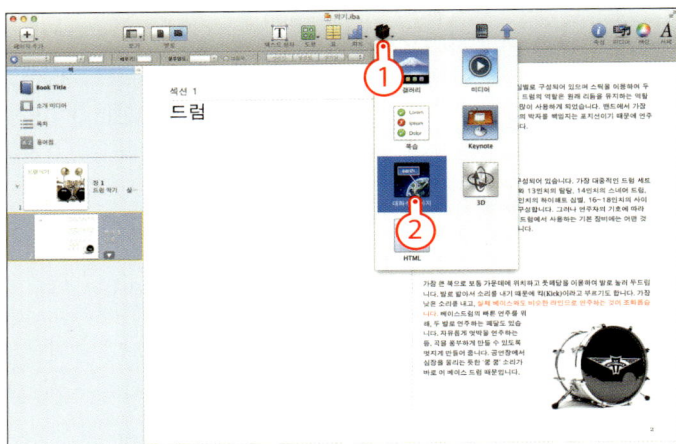

[대화식 이미지]는 그림에 대한
상세 위치에 대한 설명을 그래픽
효과로 보여주는 도구입니다.

2 | [대화식 이미지] 상자가 나타나면 [Finder] 창에서 대화식에 사용할 그림 파일을 드래그해서 불러 옵니다.

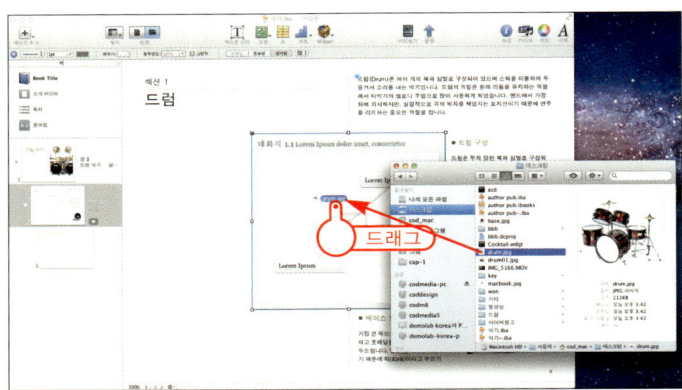

[대화식 이미지]는 한 장
의 그림만 사용됩니다.

3 | [대화식 이미지] 상자를 더블 클릭해서 그림을 선택한 다음 지시선과 글상자를 마우스로 드래그해서 위치를 이동합니다.

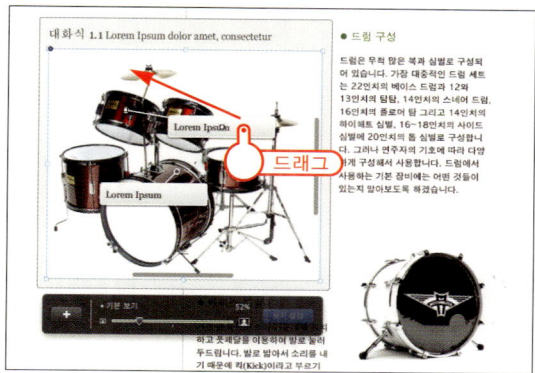

[대화식 이미지] 상자를 클릭하면 상자 바깥쪽이 선택되고 한 번 더 클릭하면 상자 안의 그림 영역만 선택됩니다. 이 상태에서 대화식 요소를 편집할 수 있습니다.

4 | 글상자를 클릭하면 그림이 확대되고 글을 입력할 수 있습니다. 글을 클릭해서 내용을 입력합니다.

[대화식] 상자 바깥쪽을 클릭하면 원래의 그림 크기로 되돌아갑니다.

5 | 새로운 대화식 글상자를 추가하려면 ➕ 버튼을 클릭합니다.

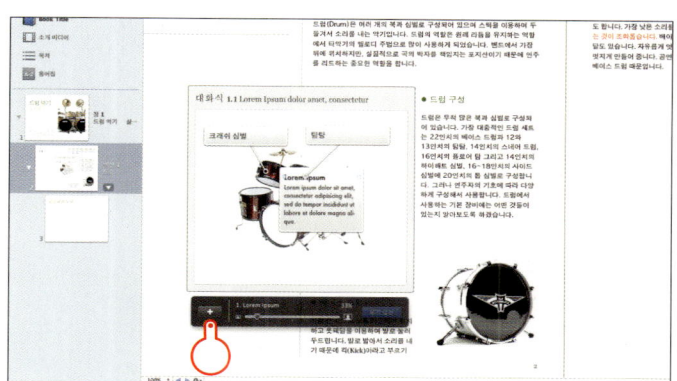

글상자의 위치를 이동할 때는 [대화식] 상자를 더블 클릭하고 편집 모드인 상태에서 글상자를 클릭하지 않고 바로 드래그해서 위치를 이동시킬 수 있습니다.

6 | 같은 방법으로 지시선과 글상자를 배치한 후 내용을 작성해서 꾸밉니다.

글상자에 내용을 입력할 때 이미지 크기
조절 게이지를 조절하여 확대되는 배율
을 설정할 수 있습니다.

7 | [대화식] 상자 바깥쪽을 클릭하면 원래의 그림으로 나타납니다. [대화식] 상자를 더블 클릭해서 그림이 선택된
상태에서 글상자를 드래그해서 위치를 조절합니다.

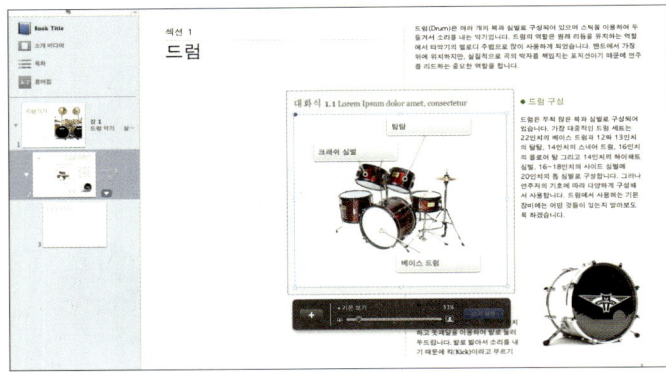

8 | [속성] 패널에서 🔧 탭을 클릭한 다음 [설명] 항목을 클릭해서 체크합니다. [대화식] 상단의 제목과 하단의 설
명 글상자를 클릭해서 내용을 작성합니다.

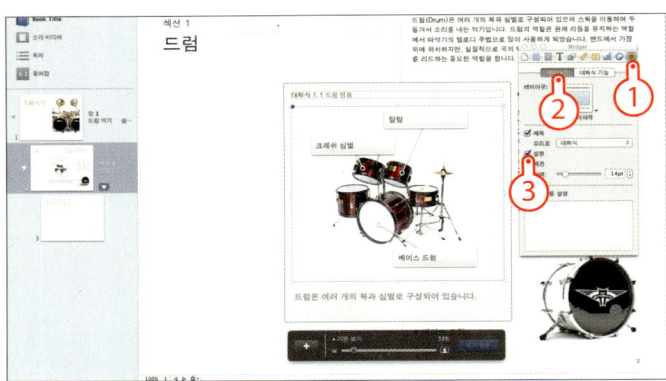

[속성] 패널에서 🔧 탭의 [레이아웃]
항목에서 구성 요소의 위치를 변경할
수 있습니다.

9 ┃ [속성] 패널의 ✳ 탭에서 [대화식 기능] 버튼을 클릭한 다음 [이동 제어기 보기] 항목을 클릭해서 체크합니다. [보기]에 각 항목을 클릭해서 내용이 제대로 보이는지 확인합니다.

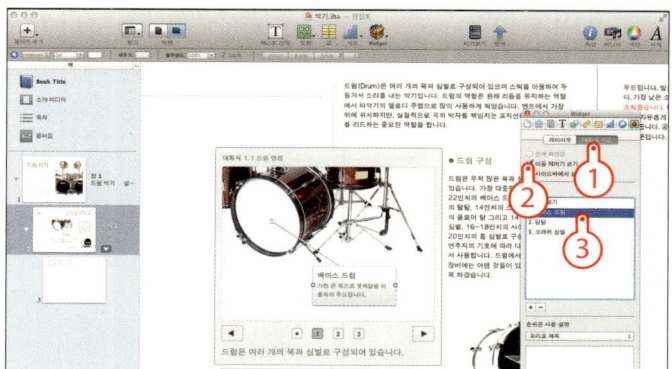

[이동 제어기 보기]는 그림 하단에 표시되는 제어기로 번호 버튼 또는 화살표 버튼을 클릭해서 글상자 설명을 볼 수 있도록 해줍니다.

10 ┃ [대화식] 상자를 적당한 위치까지 마우스로 드래그해서 배치하고 조절점을 드래그해서 크기를 조절합니다.

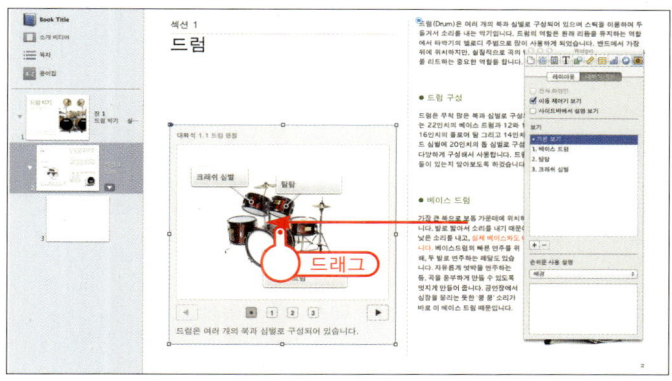

11 ┃ 아이패드를 맥 PC에 연결한 다음 [미리보기] 버튼을 클릭해서 미리 보기를 실행합니다. [대화식 이미지]에서 글상자를 누르면 그림이 확대되고 설명글이 나타납니다. 다시 화면을 탭하면 원래의 크기로 되돌아 갑니다.

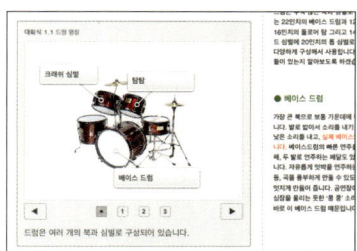

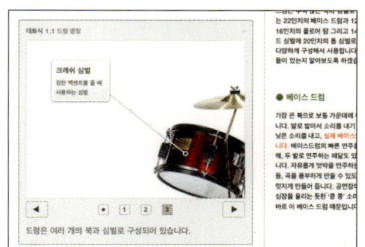

07

[복습] 위젯으로
평가 문제 만들기

[복습] 위젯은 독자들이 문제를 통하여 학습한 내용을 복습할 수 있게 해주는 기능입니다. 다지선다형 선택문제와 텍스트나 그림을 알맞을 위치에 드래그하는 형태의 문제를 만들 수 있습니다.

1 ┃ [복습]을 삽입할 페이지를 연 다음 🛢 버튼을 클릭하면 나타나는 목록에서 ▤ [복습]을 선택합니다.

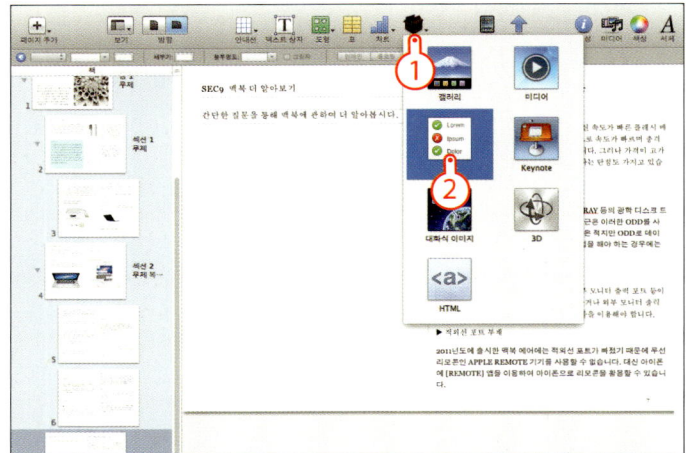

[복습] 위젯은 질문에 답변을 할 수 있도록 만들어주는 도구입니다. 질문 방식은 다양한 형태의 다지선다형과 대화식 방식의 선택형을 제공합니다.

2 ┃ 삽입된 [복습] 상자의 제목 표시줄에 제목을 입력하고, 문제 영역에 질문 텍스트를 입력합니다.

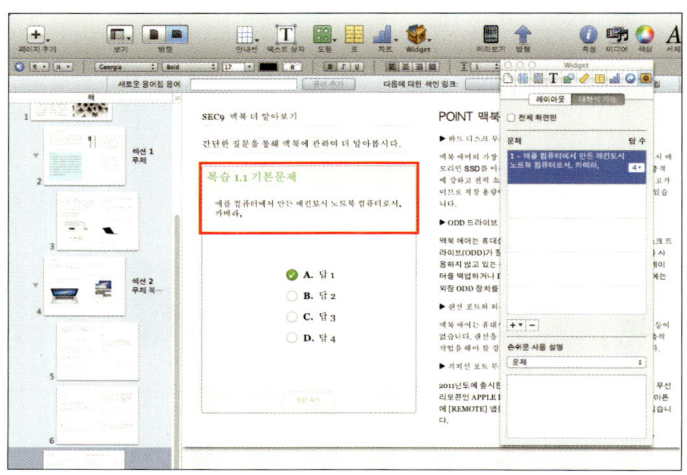

복습 위젯에 입력되는 텍스트는 서체, 색상, 글꼴 등 각각 스타일을 적용할 수 있습니다.

3 | 객관식 보기 영역에 적절한 보기를 입력하여 문제를 구성하고, 정답에 해당하는 보기의 선택 버튼을 클릭해서 체크합니다.

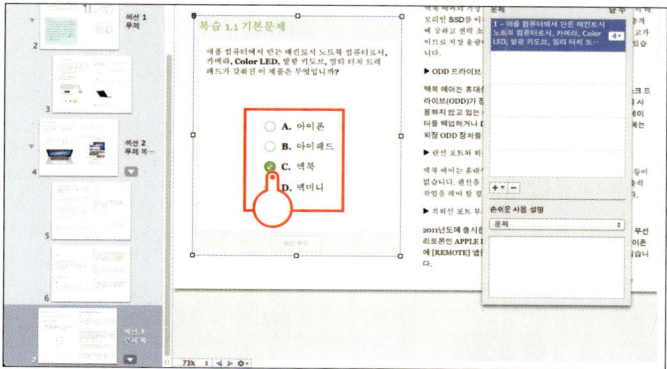

[속성] 패널의 ⚙ 탭에서 [답 수]의 숫자 내림 버튼을 클릭해서 보기 개수를 2~6개까지 변경할 수 있습니다.

4 | [속성] 패널의 ⚙ 탭에서 ＋▼ 버튼을 클릭하면 나타나는 목록에서 사용할 문제 유형을 선택합니다.

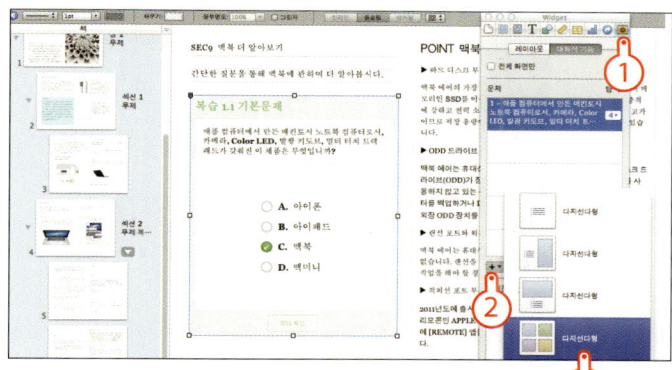

[복습] 위젯은 여러 개의 문제를 추가할 수 있습니다.

5 | 같은 방법으로 질문과 보기와 답을 설정합니다. 다지선답형은 그림을 보기로 사용하므로 각 보기에 해당하는 그림 파일을 드래그해서 추가합니다.

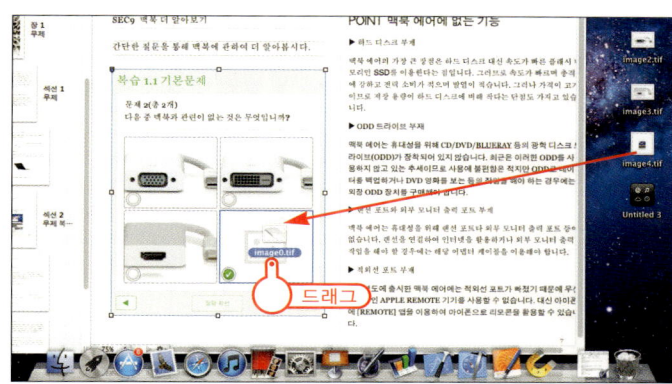

삽입된 이미지를 다른 이미지로 교체하려면 새 이미지를 드래그하여 덮어쓰기합니다.

6 | 그림에서 위치를 지정하는 유형의 문제를 추가하기 위해서 [속성] 패널에서 ＋▾ 버튼을 누르고 [대상체에 꼬리표 드래그]을 선택합니다.

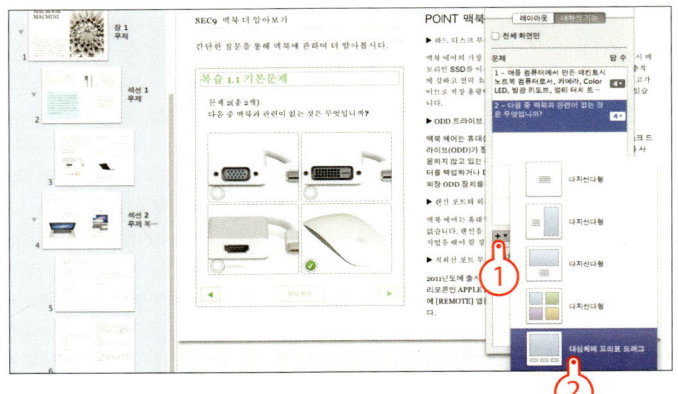

[대상체에 꼬리표 드래그]는 보기에 해당하는 그림과 꼬리표를 제공하여 꼬리표를 그림에서 문제에 대한 해당 위치로 드래그하는 문제입니다.

7 | 보기로 사용할 그림 파일을 [복습] 상자로 드래그해서 그림을 추가합니다.

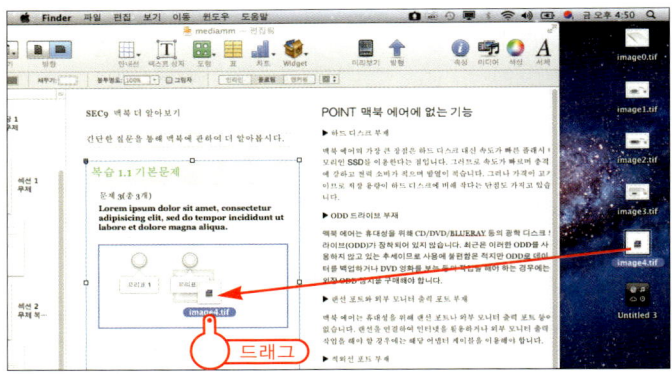

8 | 그림이 삽입되면 [복습] 상자를 더블 클릭해서 그림을 선택한 후 확대 비율 슬라이드를 드래그하여 그림의 확대 비율을 조절합니다.

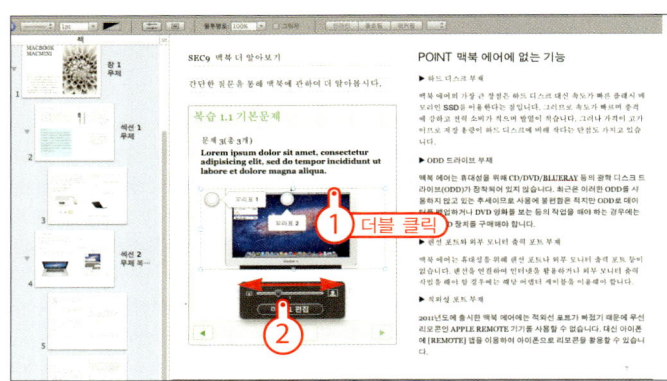

이미지가 삽입된 영역을 선택하려면 이미지 위에서 더블 클릭합니다.

9 | 꼬리표를 정답이 되는 위치로 드래그해서 배치합니다.

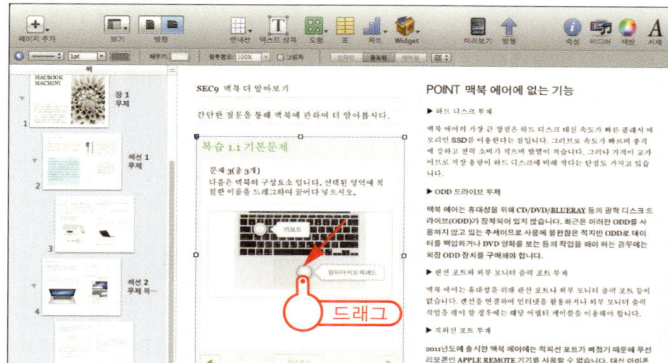

꼬리표에 글을 입력하면 그림 하단에 초기에 위치할 꼬리표 위치에 글이 표시됩니다.

10 | 아이패드를 맥 PC에 연결한 다음 [미리보기] 버튼을 클릭해서 미리 보기를 실행합니다. [복습]에서 질문에 대한 답을 체크하고 [정답확인] 버튼을 클릭합니다. 같은 방법으로 문제를 모두 풀면 문제 풀이에 대한 결과 화면이 나타납니다.

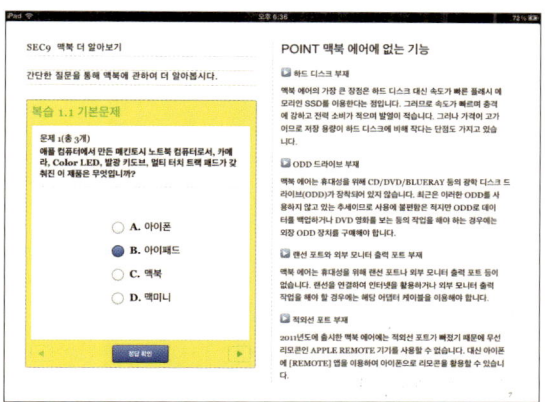

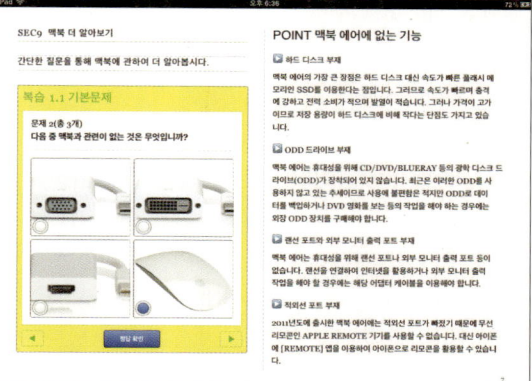

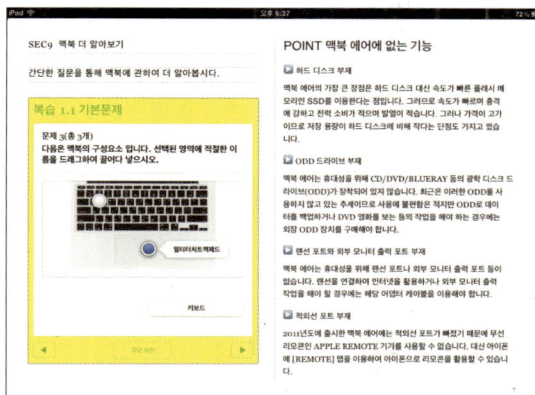

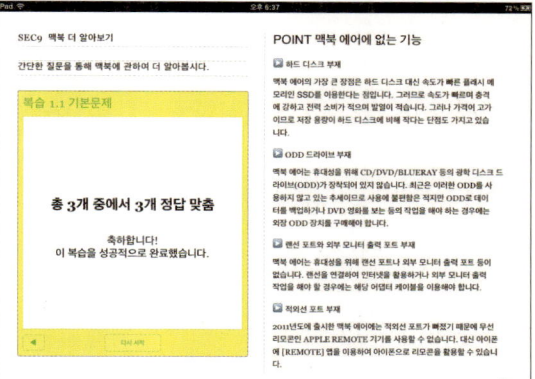

08

프레젠테이션
위젯 만들기

파워포인트 또는 키노트로 제작한 프레젠테이션도 페이지에 삽입해서 위젯 영역 또는 전체 창으로 열어서 슬라이드를 볼 수 있습니다. 프레젠테이션으로 제작한 보고서 원본을 화면이 띄우고 싶을 때 사용할 수 있습니다.

1 ┃ [Keynote]를 삽입할 페이지를 연 다음 📦 [Widget] 버튼을 클릭하면 나타나는 목록에서 🖼 [Keynote]를 선택합니다.

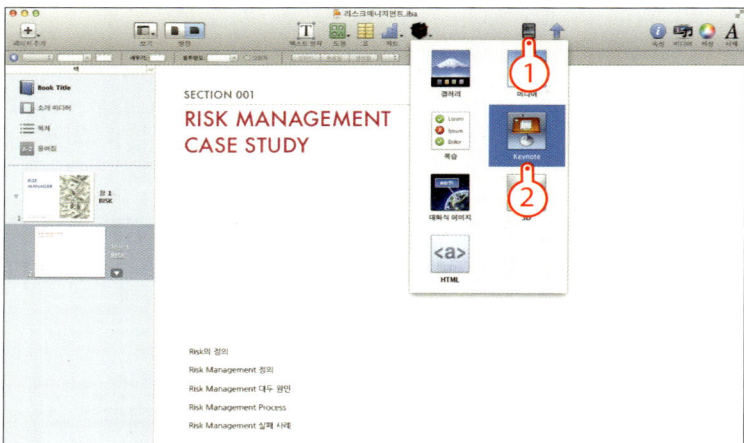

[Keynote]는 맥 PC에서 지원하는 프레젠테이션 프로그램으로 파일 확장자로 *.key라고 표시됩니다.

2 ┃ 🖌 [Finder]를 실행한 다음 페이지에 삽입할 키노트 문서 파일을 [Keynote] 위젯으로 드래그합니다.

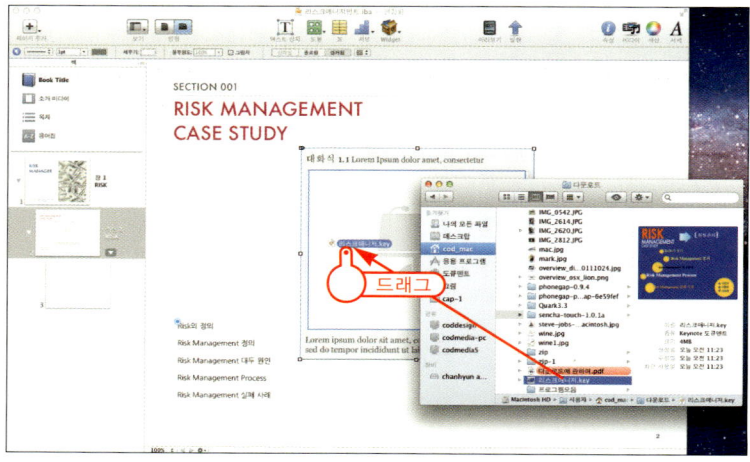

파워포인트 파일은 지원하지 않으므로 맥 PC의 [Keynote]로 파워포인트 문서를 불러온 후 키노트 파일 형식으로 저장해서 사용합니다.

3 | [속성] 패널에서 ⚙ 탭을 클릭한 다음 표시 항목을 [제목], [설명], [배경] 항목을 클릭해서 체크한 후 각 글상자를 클릭해서 내용을 작성합니다.

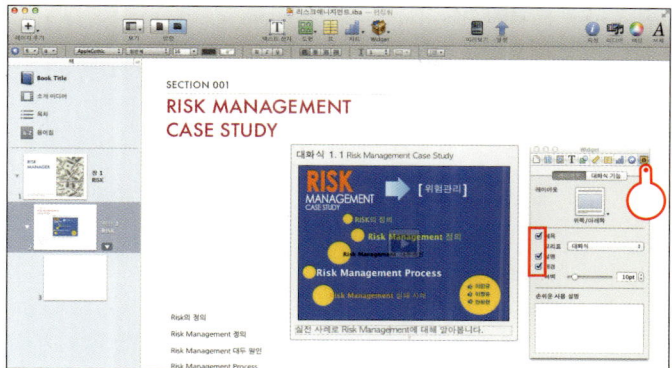

입력한 내용에 각각 스타일을 적용해서 꾸밀 수 있습니다.

4 | [속성] 패널의 ⚙ 탭에서 [대화식 기능] 버튼을 클릭한 다음 [전체 화면만] 항목을 클릭해서 체크한 후 [Keynote 편집] 버튼을 클릭합니다.

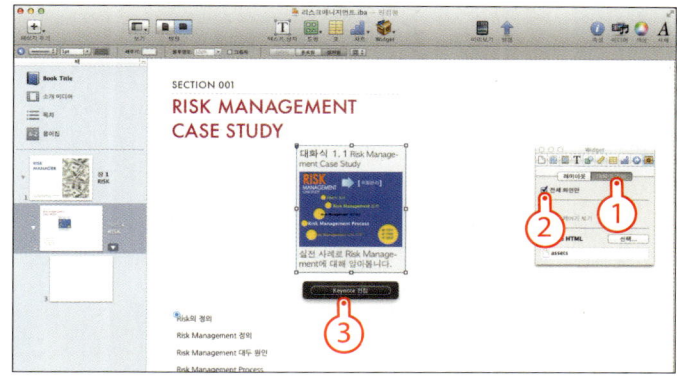

5 | 전체 창으로 나타나는 화면의 구성을 확인합니다.

아이북스 오서는 키노트에서 만들어진 다양한 애니메이션 효과들을 지원하지만 현재 모든 애니메이션 효과들을 사용할 수는 없습니다.

6 | 아이패드를 맥 PC에 연결한 다음 ▦ [미리보기] 버튼을 클릭해서 미리 보기를 실행합니다. 프레젠테이션을 실행하기 위해서 [Keynote] 위젯을 누릅니다.

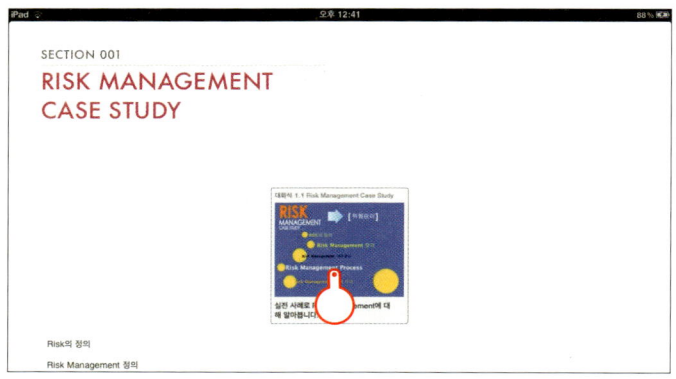

7 | 전체 창에 프레젠테이션이 실행됩니다. 화면을 탭하면 다음 페이지로 이동되고 ⊗ 버튼을 누르면 창이 닫힙니다.

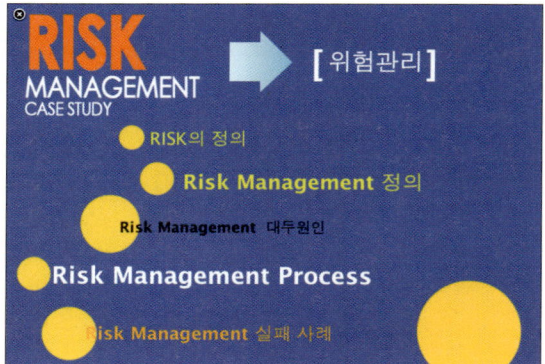

BOX | 위젯 화면으로 프레젠테이션 실행하기

[Keynote] 위젯의 [속성] 패널에서 ⚙-[대화식 기능]에서 [전체 화면만] 항목을 체크 해제하고 미리 보기를 실행하면 [Keynote] 위젯 영역에서 프레젠테이션이 실행됩니다. 또한 [이동 제어기 보기] 항목을 체크하면 창 아래에 페이지를 이동할 수 있는 컨트롤 상자가 표시됩니다. [이동 제어기 보기]는 [전체 화면만] 항목을 체크 해제할 때만 선택이 가능합니다.

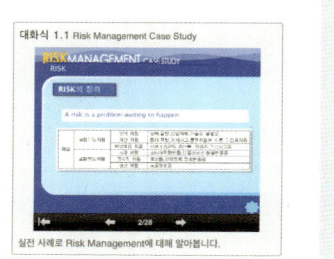

[미디어] 위젯으로
음악 재생하기

[미디어] 위젯은 음악 파일 또는 동영상 파일을 삽입해서 음악 및 동영상을 듣거나 볼 수 있도록 해주는 도구입니다. 음성 강의나 음악을 들려 줄 때 많이 사용합니다. 여기서는 음악 파일을 삽입해서 꾸미는 방법에 대해서 알아보겠습니다.

1 | [미디어]를 삽입할 페이지를 연 다음 🧊 [Widget] 버튼을 클릭하면 나타나는 목록에서 ▶ [미디어]를 선택합니다.

2 | 📁 [Finder]에서 'm4a' 형식의 음악 파일을 [미디어] 위젯으로 드래그합니다.

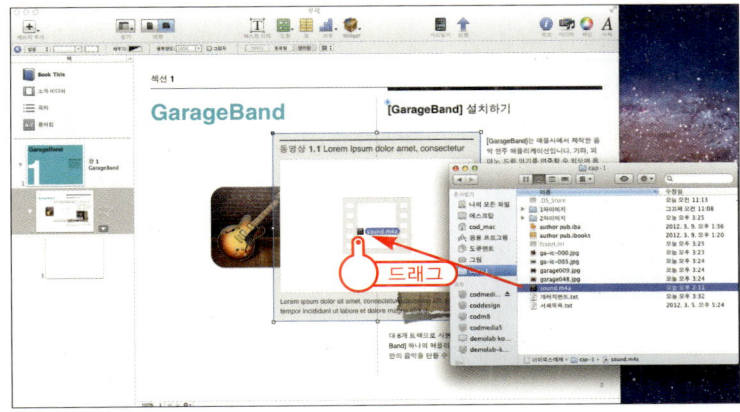

WAV 파일 형식은 [Quick Time]으로 불러 온 후 [파일]-[보내기] 메뉴를 실행하여 M4A 파일로 변환해서 사용합니다.

3 | [속성] 패널에서 ⚙ 탭을 클릭한 다음 표시 항목을 [제목] 만 표시합니다.

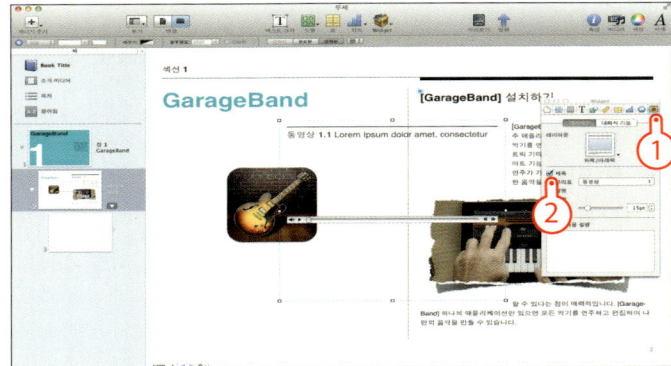

[미디어]에는 한 번에
한개의 음악 파일만 넣
을 수 있습니다.

4 | [미디어] 위젯을 더블 클릭한 다음 조절점을 드래그해서 위치를 조절합니다.

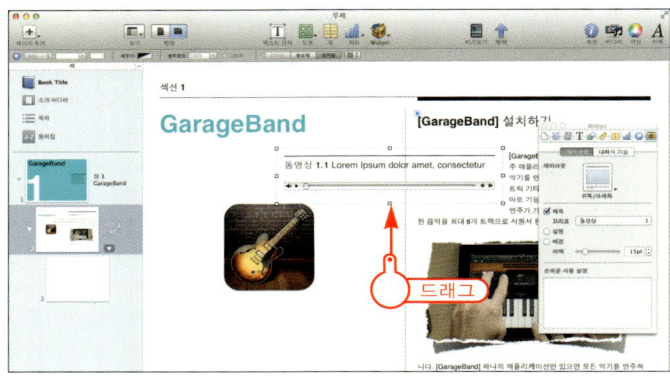

5 | [미디어] 위젯을 클릭해서 선택한 상태에서 드래그해서 위치를 조절합니다.

[속성]-[대화식 기능]의 [반복] 항목에서
반복 옵션을 설정하면 음악을 반복 재
생할 수 있습니다.

6 | 아이패드를 맥 PC에 연결한 다음 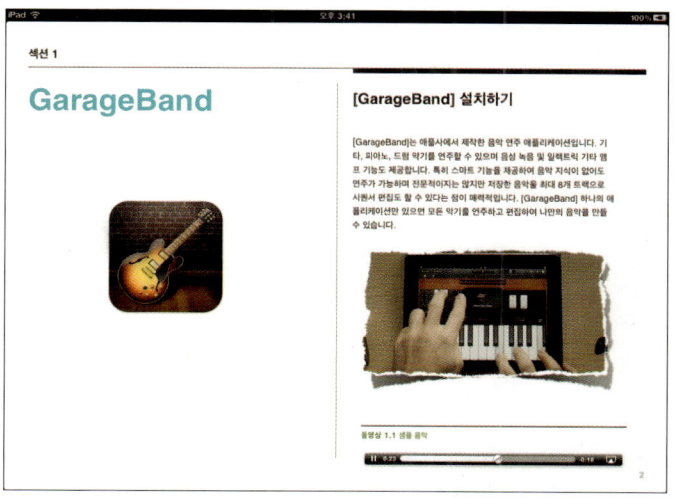 [미리보기] 버튼을 클릭해서 미리 보기를 실행합니다. 컨트롤 상자의 플레이 버튼을 누르면 음성이 재생됩니다.

동영상 또는 음악 파일을 [img] 버튼을 눌러 애플TV에 미러링할 수 있습니다.

BOX | [미디어] 위젯에 동영상 삽입하기

[미디어] 위젯은 음악 파일 뿐만 아니라 동영상 파일도 삽입할 수 있습니다. 아이폰의 [img] [음성 녹음] 앱을 이용하여 녹음한 음악 파일 형식인 M4A도 [미디어] 위젯에 바로 이용할 수 있지만 동영상 파일은 M4V 파일 형식만 지원되므로 아이폰, 아이패드의 [img] [카메라] 앱으로 촬영한 동영상은 MOV 파일 형식은 직접 이용할 수 없습니다. 이러한 경우 M4V 파일 형식으로 변환해서 사용해야 합니다.

10
사진 형식으로
동영상 미디어 표시하기

[미디어] 위젯을 이용하여 동영상을 삽입하면 동영상이 나타나지만 사진을 다시 삽입해서 관련 사진이 나타나게 꾸밀 수 있습니다. 이러한 경우 사진을 누르면 전체 화면으로 동영상이 실행됩니다. 문서와 동영상이 어우러지게 꾸미고 싶을 때 자주 사용하는 방식입니다.

1 | [Finder]에서 아이북스 오서로 사용할 동영상 파일을 더블 클릭해서 [QuickTime Player]로 실행합니다.

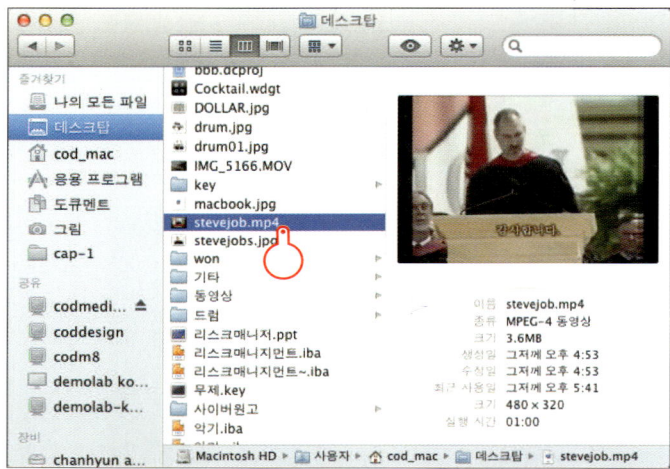

아이폰 또는 아이패드로 촬영한 동영상 파일(*.MOV)는 직접 사용할 수 없습니다.

2 | [QuickTime Player]가 실행되면 [파일] 메뉴에서 [보내기]를 클릭합니다.

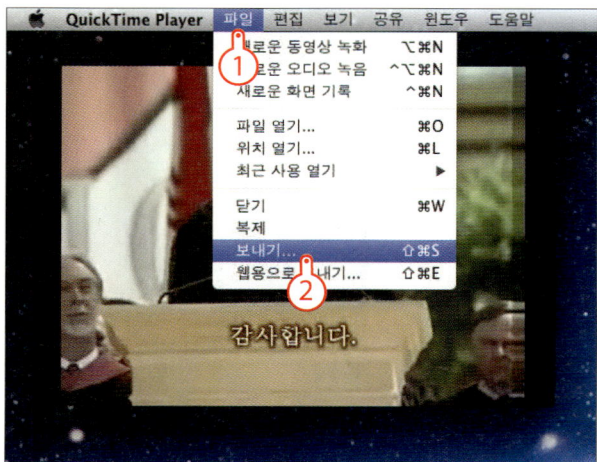

3 | [포맷] 항목에 [iPod touch 및 iPhone 3GS]를 선택하고 [다음으로 보내기] 항목에 파일 이름을 입력한 후 [보내기] 버튼을 클릭합니다.

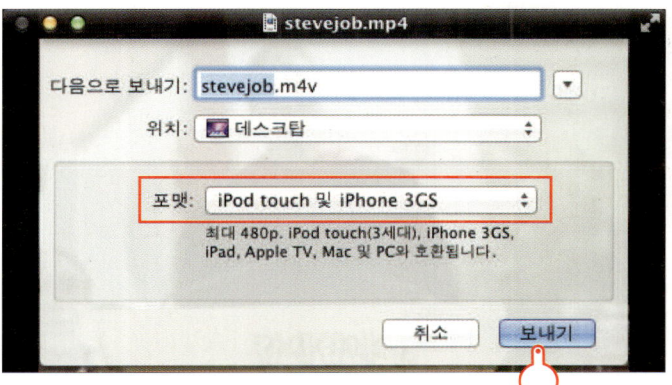

[미디어] 위젯에서는 M4V 파일 형식만 지원이 가능합니다.

4 | [미디어]를 삽입할 페이지를 연 다음 [Widget] 버튼을 클릭하면 나타나는 목록에서 [미디어]를 선택합니다.

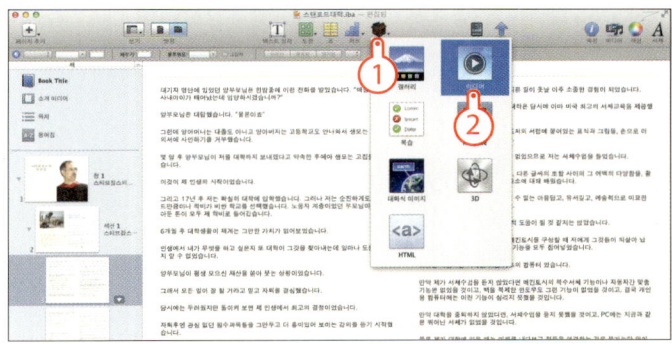

5 | [Finder]에서 앞에서 변환한 동영상 파일을 선택해서 [동영상] 위젯으로 드래그합니다.

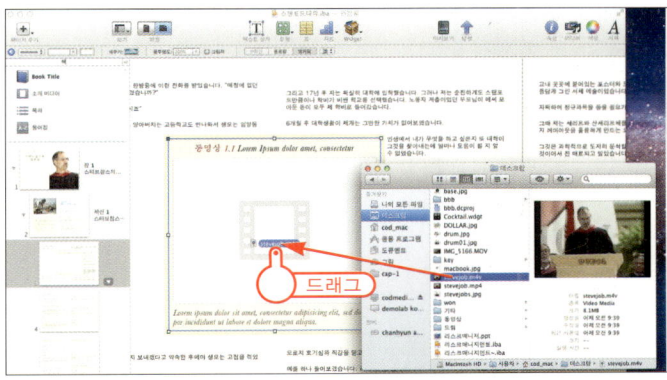

전자책을 제작할 때 동영상을 많이 사용하면 그만큼 전자책 파일 크기도 커지므로 파일 크기가 너무 커지지 않도록 주의하도록 합니다.

6 | [속성] 패널에서 ⚙ 탭을 클릭한 다음 표시 항목을 [제목] 만 표시합니다.

7 | [속성] 패널의 ⚙ 탭에서 [대화식 기능] 버튼을 클릭한 다음 [전체 화면만] 항목을 클릭해서 체크합니다.

8 | [Finder]에서 화면에 표시할 사진을 선택해서 [동영상] 위젯으로 드래그합니다.

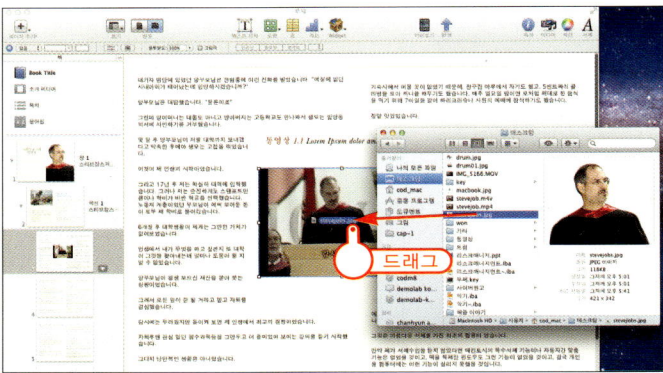

9 | [미디어] 위젯을 더블 클릭해서 사진만 선택한 후 [포맷] 메뉴에서 [이미지]-[인스턴트 알파]를 클릭합니다.

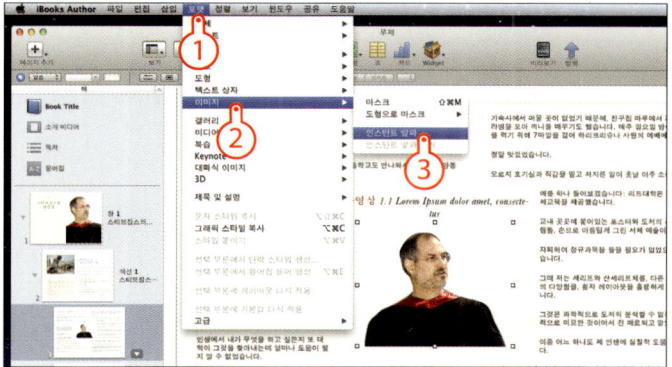

10 | 배경 부분을 드래그해서 배경을 투명하게 설정한 후 Enter 를 누릅니다.

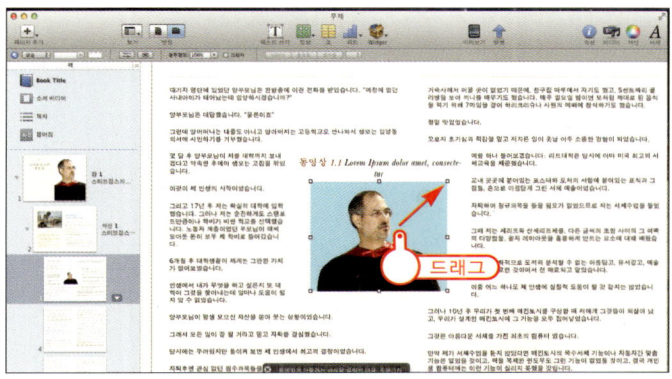

11 | [속성] 패널의 🔧 탭에서 [레이아웃] 버튼을 클릭한 다음 [레이아웃]의 내림 버튼을 클릭한 후 [자동 형식]을 선택합니다.

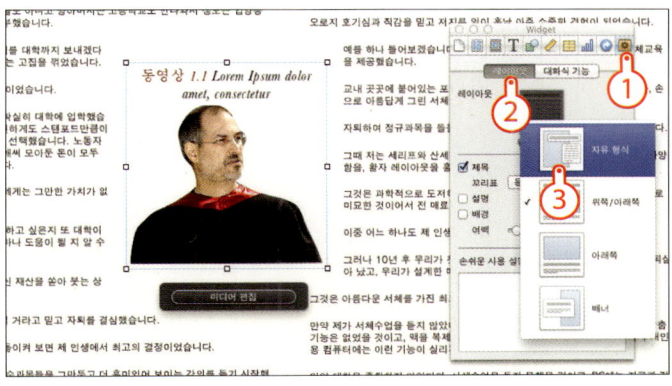

12 | [속성] 패널의 📋 탭에서 [텍스트 맞추기] 항목에 📐를 클릭하고 [대상체를 기준으로 줄바꿈] 항목을 클릭해서 선택을 해제합니다.

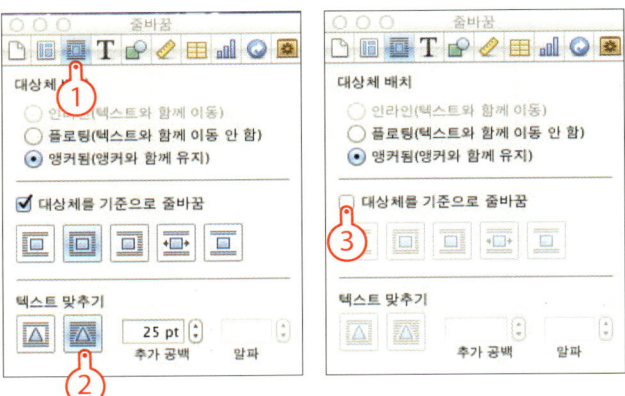

13 | [미디어] 위젯을 드래그해서 적당한 위치에 배치한 다음 [미디어] 위젯을 더블 클릭한 후 제목 글상자에 글을 입력하고 제목 글상자를 드래그해서 적당한 위치로 배치해서 꾸밉니다.

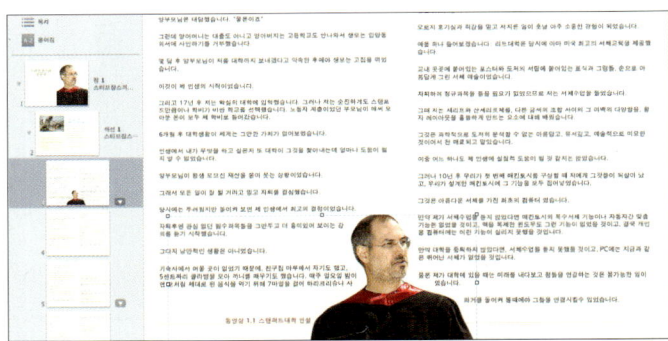

14 | 아이패드를 맥 PC에 연결한 다음 📱 [미리보기] 버튼을 클릭해서 미리 보기를 실행합니다. [미디어] 위젯에 그림처럼 표시됩니다. 이 그림을 누르면 전체 창으로 동영상이 재생됩니다.

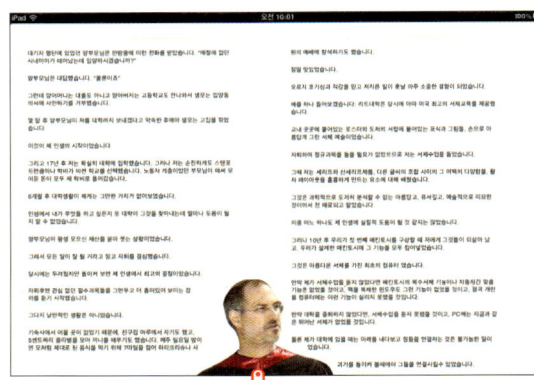

11

3D 위젯으로
3차원 미디어 삽입하기

[3D] 위젯은 3D 제작 도구로 제작된 3차원 그림을 삽입하는 도구로 삽입된 3D 이미지를 회전하면서 다양한 각도로 볼 수 있습니다. 모든 면에서 물체를 관찰할 수 있도록 만들 때 유용하게 사용할 수 있습니다. 여기서는 무료 3D 제작 도구인 [Google SketchUp]을 이용하여 무료 이미지를 불러와서 문서에 3D 이미지를 삽입해 보겠습니다.

1 | 🌐 [Safari]를 실행한 다음 [Google SketchUp] 홈페이지(http://sketchup.google.com)에 접속한 다음 [Google SketchUp 다운로드] 버튼을 클릭합니다.

[Google SketchUp] 이외에 [Auto Cad], [3D MAX] 등 3D 제작 도구를 사용해도 됩니다.

2 | [Google SketchUp 8 다운로드]를 클릭해서 프로그램을 다운로드 받아서 설치합니다.

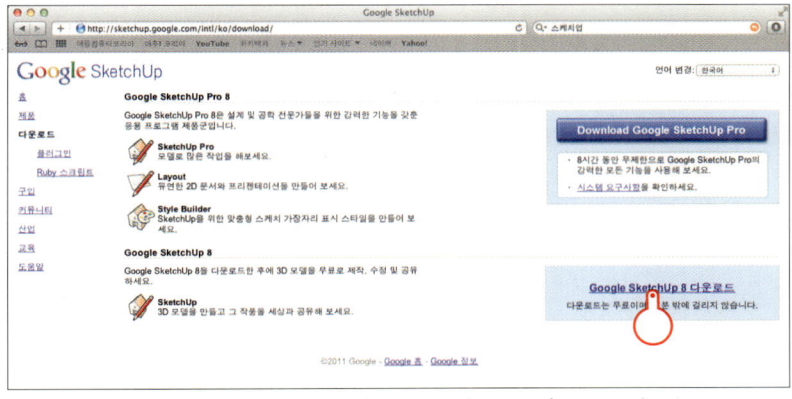

[Google SketchUp Pro]는 유료 버전으로 [Google SketchUp]의 모든 기능을 제공하고 상업적 이용이 가능하나 무료 버전은 기능 제약이 있으며 개인 용도로만 사용이 가능합니다.

3 | ✏️ [SketchUp]을 실행하면 나타나는 화면에서 템플릿을 눌러 템플릿을 선택한 다음 [SketchUp 사용 시작] 버튼을 클릭합니다.

4 | [파일] 메뉴에서 [3D 이미지갤러리]–[모델 가져오기] 메뉴를 클릭합니다.

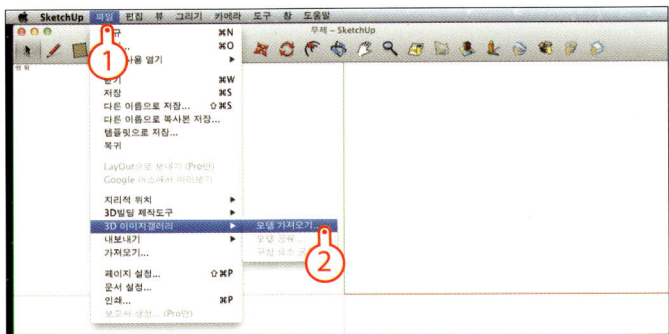

[모델 가져오기]는 다른 사람들이 만
들어둔 이미지를 불러와서 사용할 수
있도록 해주는 기능입니다.

5 | [3D 이미지갤러리] 홈페이지가 열리면 검색창에 검색할 요소 이름을 입력해서 검색한 후 [모델 다운로드]를 클릭해서 이미지를 [SketchUp]으로 가져옵니다.

[모델 가져오기]로 가져온 이미지를
상업적으로 이용할 경우 제작자의 동
의를 구해야합니다.

6 | 화면을 마우스로 드래그해서 선택한 3D 모델 이미지를 삽입합니다.

7 | [파일] 메뉴에서 [내보내기]-[3D 모델]을 클릭합니다.

아이북스 오서는 .dae 확장자를
갖는 3D 이미지만 사용이 가능
합니다.

8 | [형식]에 [COLLADA(*.dae)]를 선택하고 [별도 저장]에 파일 이름을 입력한 후 [내보내기] 버튼을 클릭합니다.

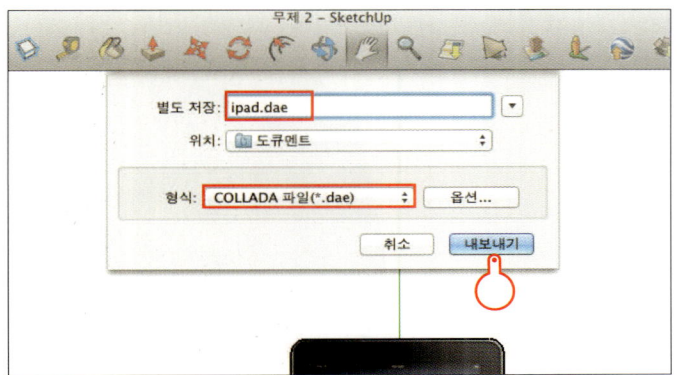

아이북스 오서는 .dae 확장자를
갖는 3D 이미지만 사용이 가능
합니다.

9 │ [iBooks Author]을 실행한 다음 3D를 삽입할 문서를 연 후 🗿 [Widget] 버튼을 클릭하고 ⚛ [3D]를 선택합니다.

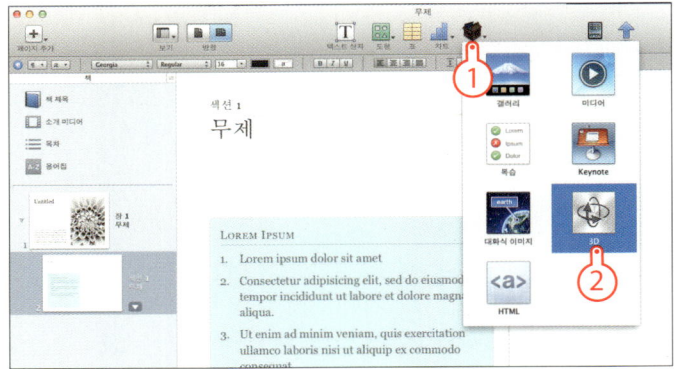

10 │ 🖱 [Finder]를 실행한 다음 앞에서 저장한 3D 파일(＊.dae)을 선택해서 위젯으로 드래그합니다.

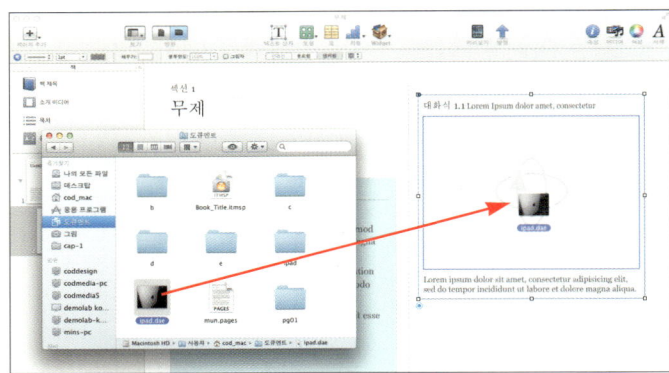

11 │ 아이패드를 맥 PC에 연결한 다음 📱 [미리보기] 버튼을 클릭해서 미리 보기를 실행합니다. [3D] 위젯을 누르면 전체 화면으로 볼 수 있습니다. 손가락으로 드래그해서 이미지를 돌려 볼 수 있습니다.

HTML 위젯으로 지도 표시하기

HTML 위젯이란 HTML 코드를 이용하여 자체적으로 실행하도록 해주는 미니 응용프로그램입니다. 아이북스 오서에 위젯 파일을 추가하여 동적인 효과를 연출할 수 있습니다. 여기서는 [iBooks Generator] 홈페이지에서 제공하는 구글 지도 검색 서비스 위젯을 이용하여 도서에 지도 위젯을 삽입해 보겠습니다.

1 | 🌐 [Safari]로 [iBooks Generator] 홈페이지(http://ibooksgenerator.com)에 접속한 다음 [Embed Google Maps with POI] 항목의 [Sign In] 버튼을 클릭합니다.

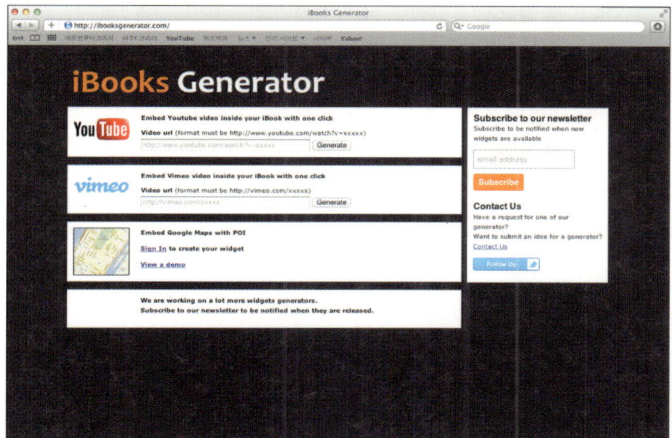

[YouTube] 항목에 유튜브 동영상 주소를 입력하고 [Generate] 버튼을 클릭해서 동영상을 실행하는 위젯을 만들 수 있습니다.

2 | [Register]를 클릭해서 회원 가입을 한 후 계정 정보를 입력하고 [Sign In] 버튼을 클릭합니다.

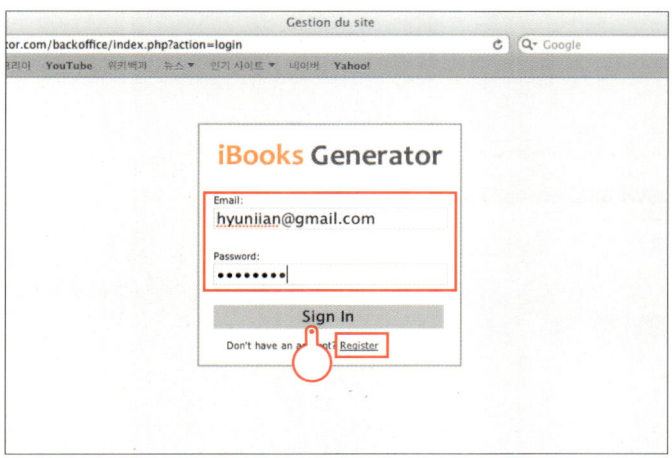

3 | [Widgets]의 [Google map widget] 항목을 클릭한 다음 [Create] 버튼을 클릭합니다.

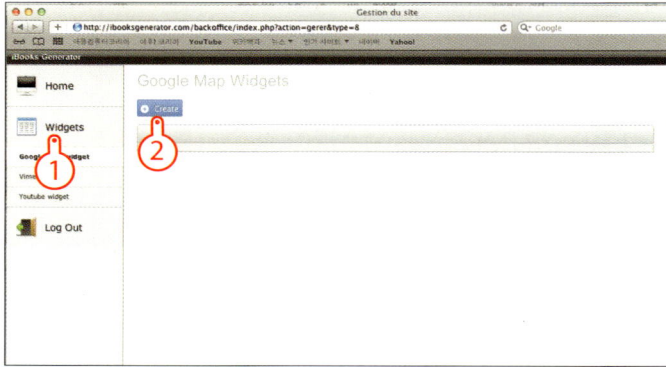

4 | 지도에 표시하게 할 주소 정보를 입력하고 [Map zoom level]에 [16 (street)]를 선택하고 [Save] 버튼을 클릭합니다.

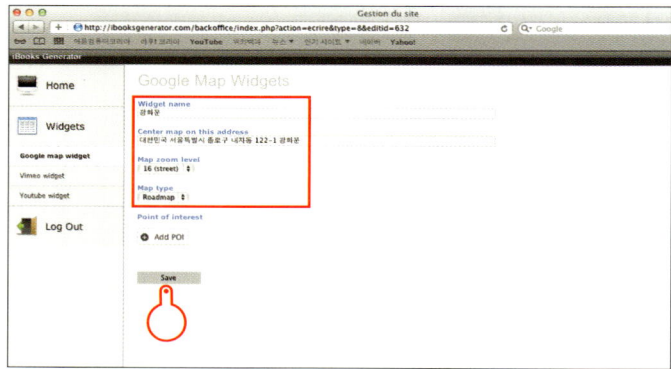

[Map zoom Level]에 화면에
나타나게 할 지도 줌 크기를
선택합니다.

5 | 항목이 만들어 지면 항목에 표시되는 아이콘에서 █ 아이콘을 누르면 나타나는 창에서 [설치] 버튼을 클릭해서 PC에 위젯 파일로 저장합니다.

6 | [iBooks Author]을 실행한 다음 HTML 위젯을 삽입할 문서를 연 후 ![widget], [[Widget] 버튼을 클릭하고 <a> [HTML]을 선택합니다.

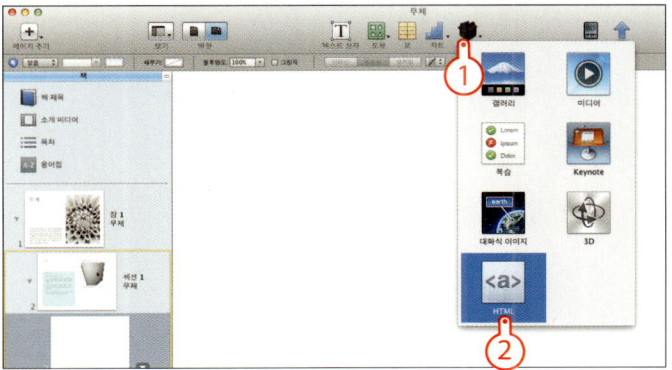

7 | ![finder] [Finder]를 실행한 다음 앞에서 저장한 위젯 파일(*.wdgt)을 선택해서 위젯으로 드래그합니다.

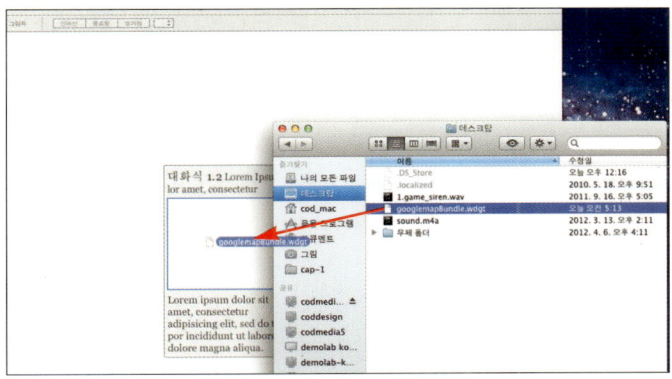

8 | 아이패드를 맥 PC에 연결한 다음 ![preview] [미리보기] 버튼을 클릭해서 미리 보기를 실행합니다. [HTML] 위젯을 누르면 전체 화면으로 볼 수 있습니다. 손가락으로 드래그해서 지도를 확대 및 위치를 조절할 수 있고 ![icon] 아이콘을 도로로 드래그해서 도로뷰로 볼 수 도 있습니다.

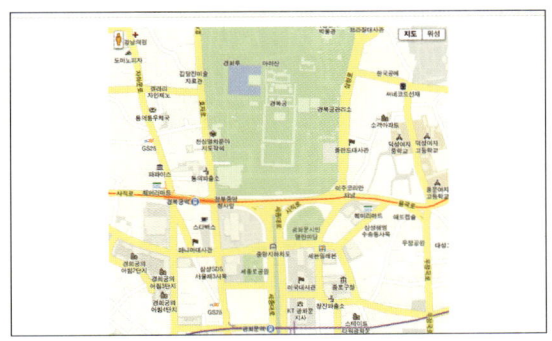

4

레이아웃 편집 작업

레이어 편집해서
나만의 템플릿 파일 만들기

아이북스 오서 템플릿에서 제공하는 레이아웃을 사용자가 임의로 수정하여 나만의 템플릿을 만들 수 있으며 제작한 템플릿을 저장하여 템플릿 목록에서 불러 올 수 있도록 할 수 있습니다. 레이아웃을 어떻게 수정하고 템플릿 저장하는 방법에 대해서 알아보겠습니다.

1 ㅣ 아이북스 오서를 실행한 후 [사설] 템플릿을 엽니다. 🖼️ 버튼을 클릭한 후 [레이아웃 보기]를 선택합니다.

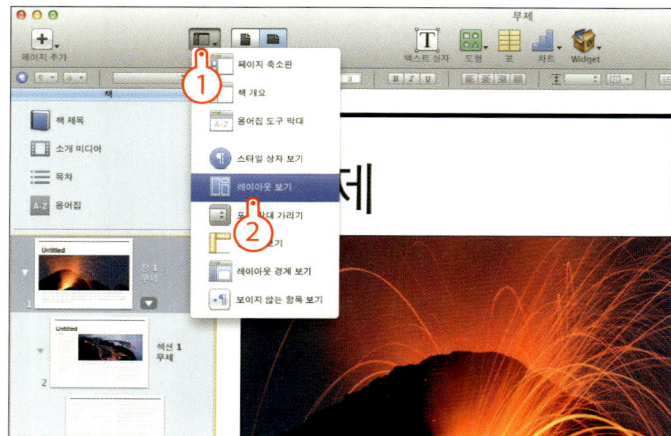

상단 메뉴의 [파일]-[템플릿 선택 화면에서 새로운 파일...]을 클릭해서 새로운 템플릿을 선택할 수 있습니다.

2 ㅣ [레이아웃] 항목에서 편집할 목록을 클릭해서 선택합니다.

[레이아웃] 항목에는 선택한 템플릿에서 제공하는 모든 레이아웃 목록들이 나타납니다.

3 | 페이지 구성 요소를 클릭한 후 Delete 를 눌러 필요하지 않은 요소를 지웁니다.

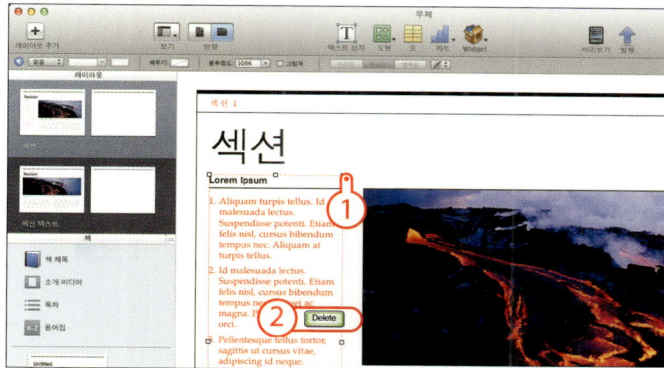

레이아웃을 수정하게 되면 [변경사항 적용] 버튼이 나타납니다. 레이아웃이 수정되면 페이지를 추가할 경우 수정된 레이아웃을 사용합니다.

4 | 본문 글상자의 조절점을 드래그해서 문서에 꽉 차도록 크기를 조절합니다.

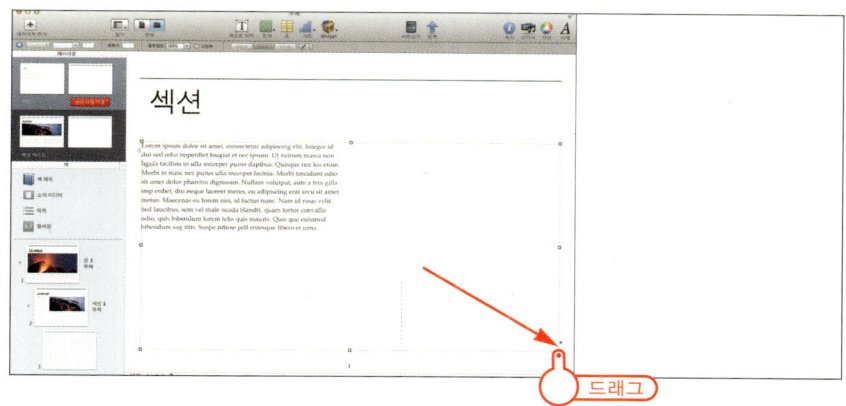

5 | 본문 글상자를 더블 클릭해서 글을 선택한 다음 ⊞▾ 버튼을 클릭하고 [3 Colums]를 선택합니다.

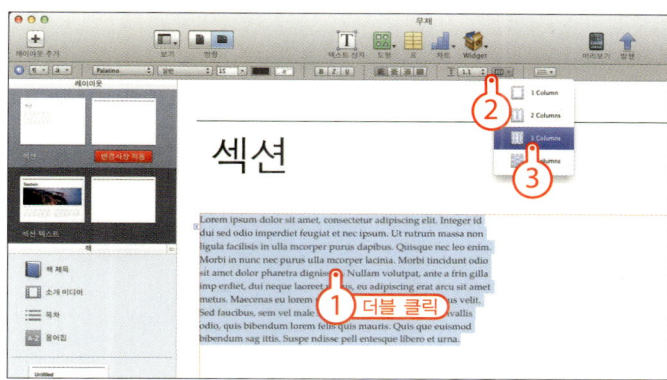

여러 개의 텍스트 상자를 연결하는 기능은 제공하지 않으므로 하나의 텍스트 상자를 선택한 후 단나누기를 통해 만들어야 합니다.

6 │ 선을 그리기 위해서 버튼을 클릭한 다음 직선을 선택합니다.

본문의 글이 짧아서 레이아웃 구성을 알아보기 힘들 경우 본문의 글을 복사해서 붙여 넣어 적당한 길이로 늘이도록 합니다.

7 │ 선의 조절점을 드래그해서 단 사이에 선을 표시합니다. 같은 방법으로 선을 추가하여 두 번째와 세 번째 단 사이에도 선을 그립니다.

선을 선택한 후 ⌘+C를 누른 다음 ⌘+V를 눌러 선을 복제할 수 있습니다.

8 │ 문서 하단에 위치해 있는 페이지 번호 상자를 드래그해서 문서 상단에 위치한 후 글상자를 더블 클릭해서 페이지 번호를 선택한 후 버튼을 클릭해서 오른쪽 정렬합니다.

[변경사항 적용] 버튼을 클릭하지 않고 종료하면 변경사항이 저장되지 않습니다.

9 | T 버튼을 클릭해서 글상자를 추가한 후 제목 밑에 배치하고 📦 버튼을 클릭해서 [갤러리] 위젯을 추가한 후 문서 오른쪽 하단에 배치합니다.

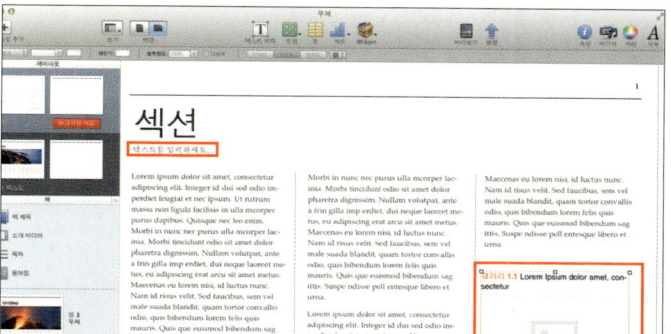

10 | 각 요소를 더블 클릭해서 글자를 선택한 후 글자 속성을 변경해서 꾸밉니다.

한글은 고딕체만 지원하므로 미리 한글에 알맞은 서체로 변경해 두도록 합니다.

11 | 추가한 글상자를 클릭해서 선택한 후 [속성] 패널의 📋 탭을 클릭한 후 [이 레이아웃을 쓰는 페이지에서 편집 가능] 항목을 체크합니다.

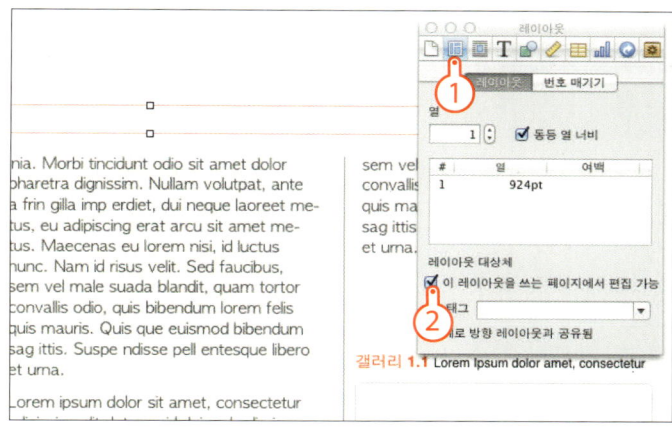

레이아웃 편집에서 추가한 텍스트는 일반 편집에서 글을 입력할 수 없으므로 페이지 편집 가능 옵션을 활성화해야 합니다.

12 | 레이아웃 편집이 완료되었으면 [변경사항 적용] 버튼을 클릭합니다.

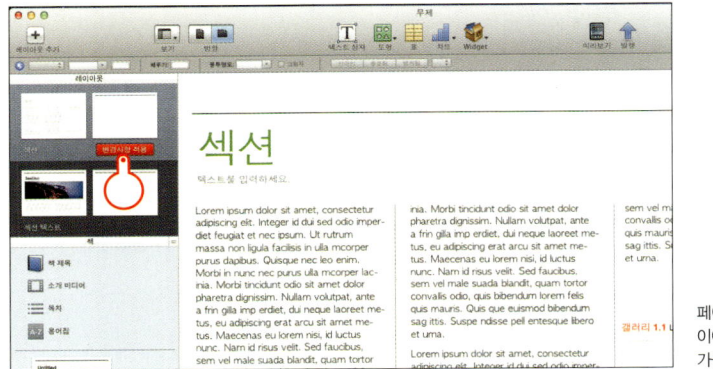

페이지 번호의 위치와 속성은 레이아웃 편집 과정에서만 수정이 가능합니다.

13 | 레이아웃이 사용된 페이지 목록을 클릭한 후 각 요소에 내용을 삽입해서 꾸밉니다.

14 | 제작한 레이아웃을 저장하기 위해서 [파일] 메뉴에서 [템플릿으로 저장]을 클릭합니다.

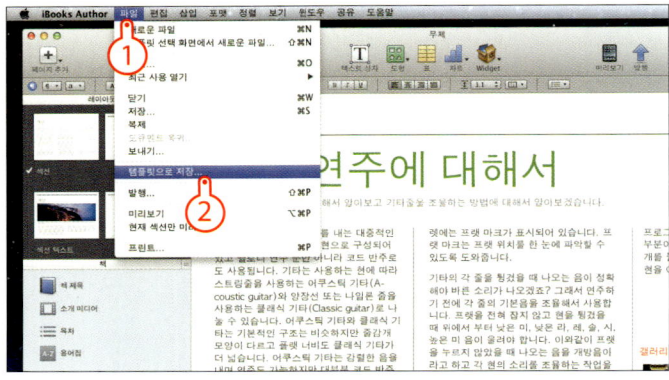

새 문서를 생성할 때 사용자가 제작한 템플릿을 선택할 수 있습니다.

15 | 저장 대화 상자가 나타나면 [별도 저장] 항목에 파일 이름을 입력하고 [저장] 버튼을 클릭합니다.

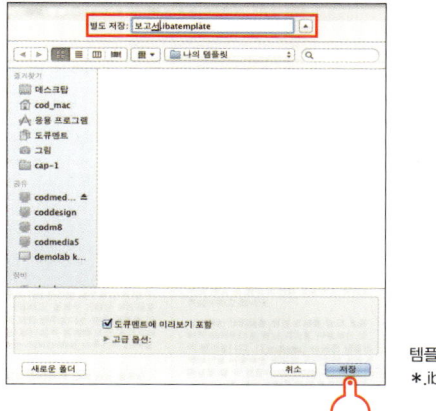

템플릿 파일의 확장자는
*.ibatemplate 입니다.

16 | [파일] 메뉴에서 [새로운 파일]을 클릭하면 나타나는 [템플릿 선택 화면]에 저장한 템플릿 목록이 나타납니다.

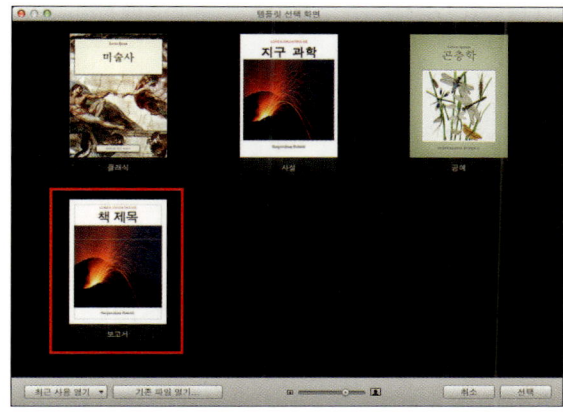

새로운 템플릿으로 저장된 파일
은 [템플릿 선택 화면]에서 삭제
할 수 없습니다.

BOX | 사용자가 제작한 템플릿 삭제하기

사용자가 만든 템플릿은 프로그램에서 삭제할 수 없고 [Finder]에서 해당 파일을 찾아서 삭제해야 합니다. [Finder]에서 맥 PC 드라이브를 클릭한 후 [라이브러리]–[Application]–[iBook Author]–[템플릿]–[나의 템플릿] 폴더로 이동하면 저장된 템플릿 파일들을 볼 수 있으며 파일을 선택하고 Delete 를 눌러 파일을 삭제할 수 있습니다.

02 전체 이미지로 채운 장 페이지 디자인하기

장 페이지는 본문을 분류하고 내용의 성격에 맞게 디자인하는 것이 좋습니다. 여기서는 화면 전체를 하나의 이미지를 채운 형식의 장 페이지를 만드는 방법에 대해서 알아보겠습니다. 시각적인 효과를 강조하고 싶은 도서를 제작할 때 자주 사용합니다.

1 | 아이북스 오서를 실행한 후 [클래식] 템플릿을 엽니다. ▦ 버튼을 클릭한 후 [레이아웃 보기]를 선택합니다.

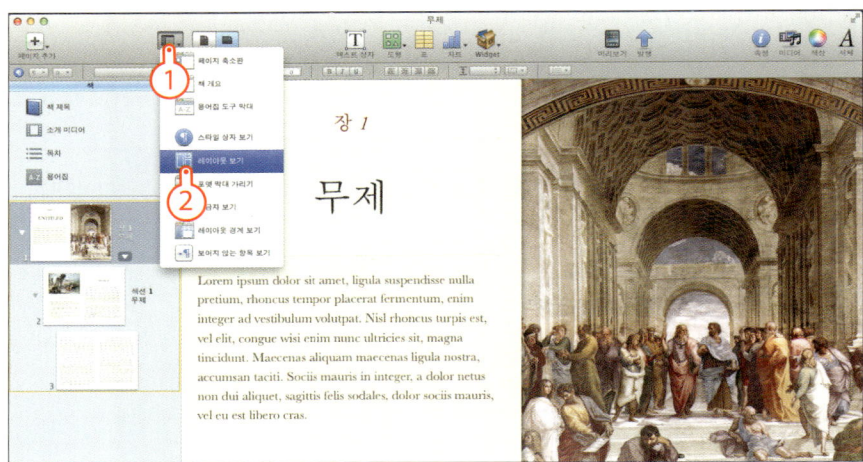

상단 메뉴의 [파일]-[템플릿 선택 화면에서 새로운 파일...]을 클릭해서 새로운 템플릿을 선택할 수 있습니다.

2 | [레이아웃] 항목에서 [장]을 클릭하고 문서 배경 부분을 클릭한 후 [정렬] 메뉴에서 [잠금 해제]를 클릭합니다.

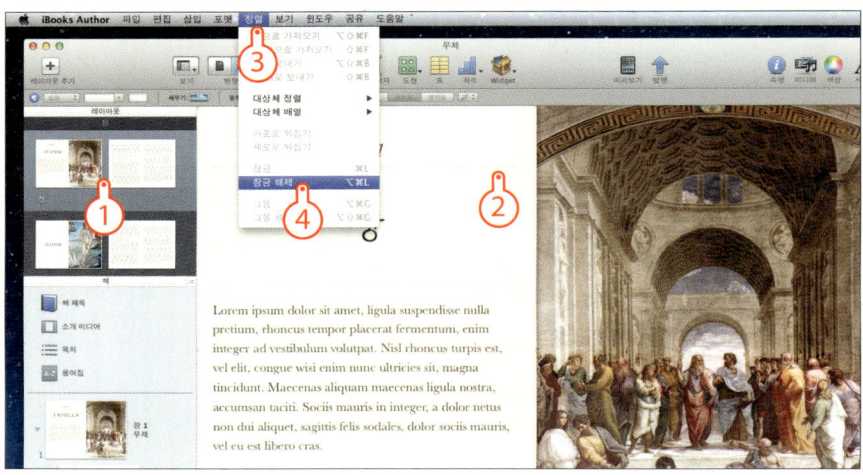

배경 요소는 잠금으로 고정되어 있으며 레이아웃 편집에서 잠금 해제를 할 수 있습니다.

3 | 바닥 영역이 선택된 상태에서 [채우기]의 버튼을 클릭하면 나타나는 색상표에서 배경으로 채울 색을 선택합니다.

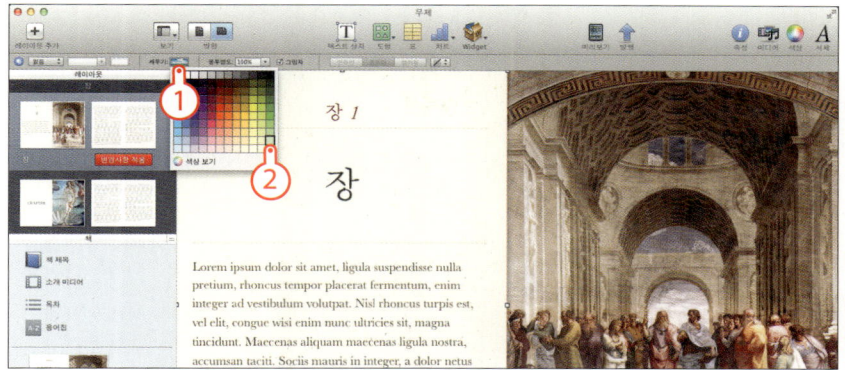

레이아웃을 수정하려는 개체별로
모두 [잠금해제]를 실행해 주어야
합니다. 개체가 [잠금]되어 있는
경우는 [채우기] 버튼이 눌리지
않습니다.

4 | 배경 요소와 글 상자의 조절점을 드래그해서 너비를 좁게 만듭니다.

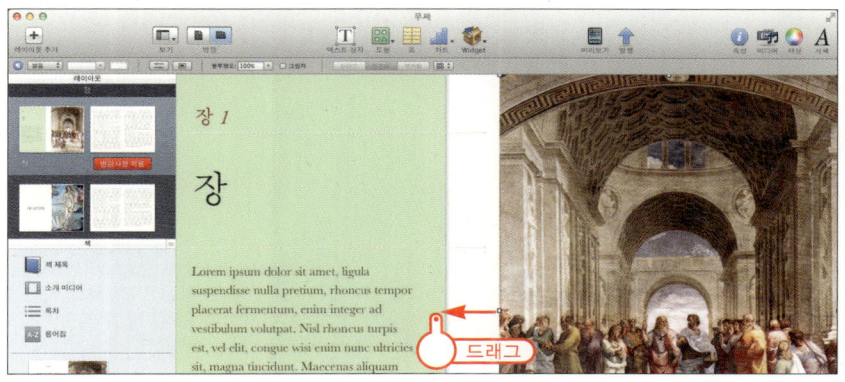

5 | 오른쪽의 그림을 삭제한 후 [Finder]에서 삽입할 그림을 드래그해서 그림을 삽입합니다.

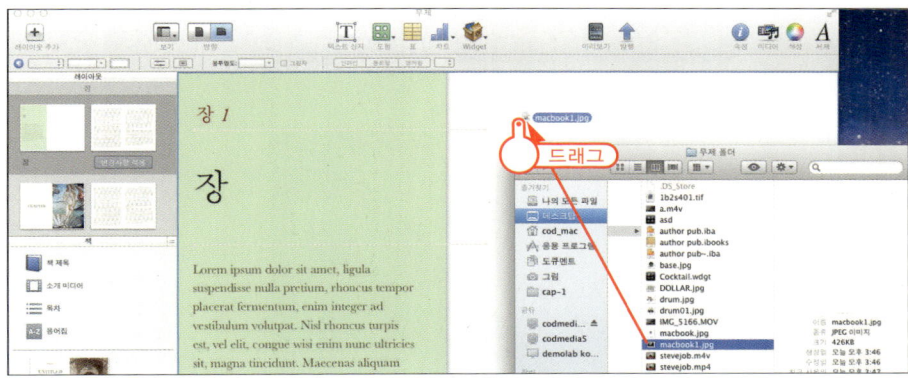

그림을 클릭해서 선택
한 후 Delete 를 누르면
삭제됩니다.

6 | 삽입된 그림의 조절점을 드래그해서 문서 전체에 꽉 차도록 크기를 조절합니다.

해상도가 큰 이미지를 사용하면 그만큼 전자 도서 파일 크기도 커지므로 배경 이미지를 사용할 때 데이터 크기도 신경 쓰도록 합니다.

7 | 그림을 마우스 오른쪽 클릭한 후 [뒤로 보내기]를 클릭합니다.

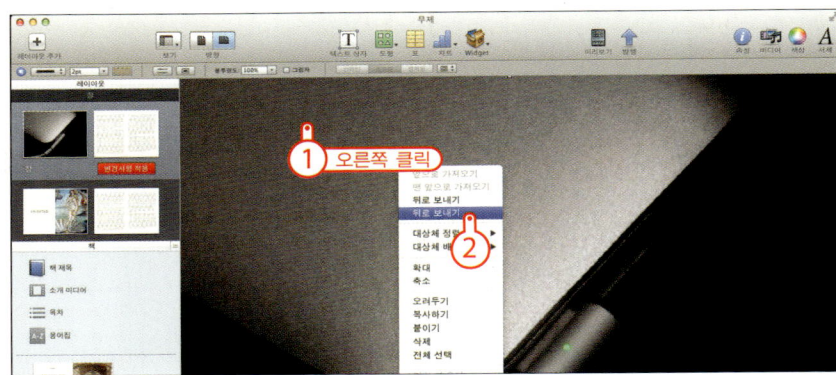

요소가 겹쳐 있을 때 나중에 삽입한 요소가 위에 배치되며 [앞으로 가져오기], [뒤로 보내기]로 요소 위치를 바꿀 수 있습니다.

8 | 경계선을 클릭한 후 [정렬] 메뉴에서 [잠금 해제]를 클릭합니다. 경계선이 선택된 상태에서 Delete 를 눌러 선을 지웁니다.

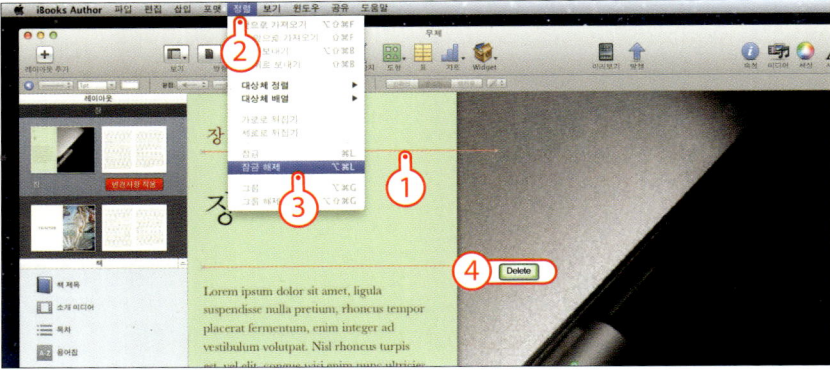

9 | 배경 상자를 클릭해서 선택한 후 [불투명도] 항목의 내림 버튼을 클릭해서 '30%'를 선택합니다.

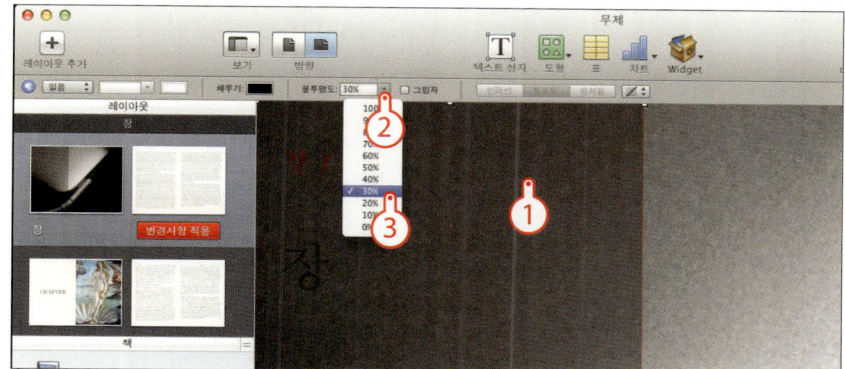

불투명도의 수치가 작아질수록
투명해져 밑에 있는 요소의 내
용이 비쳐 보이게 됩니다.

10 | 글상자를 클릭한 후 글자 서식을 이용하여 글자 속성을 변경한 후 [변경사항 적용] 버튼을 클릭합니다.

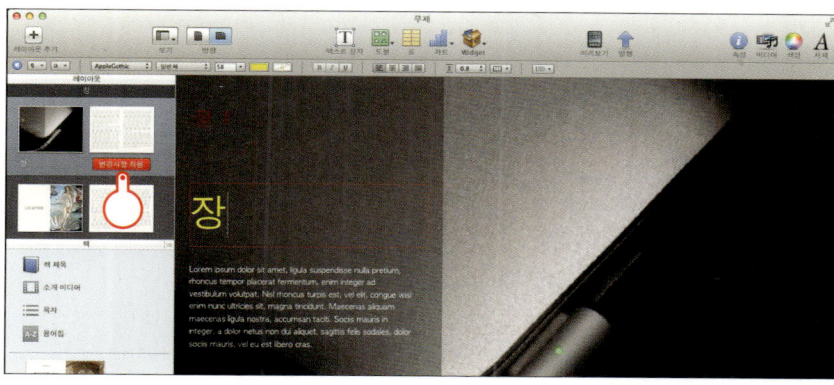

11 | '장' 페이지를 클릭하면 레이아웃이 변경된 것을 볼 수 있습니다. 글상자를 클릭해서 글을 입력해서 문서를 꾸
밉니다.

갤러리가 있는 소개 문서 레이아웃 만들기

여러 장의 이미지를 넘겨 볼 수 있는 [갤러리] 위젯도 레이아웃에 삽입해서 꾸밀 수 있습니다. 레이아웃에서 팁 요소를 넣을 부분은 작은 썸네일 이미지로 배경을 채워서 꾸미면 예쁜 레이아웃을 만들 수 있습니다.

1 | 아이북스 오서를 실행한 후 [기본] 템플릿을 엽니다. ▦ 버튼을 클릭한 후 [레이아웃 보기]를 선택합니다.

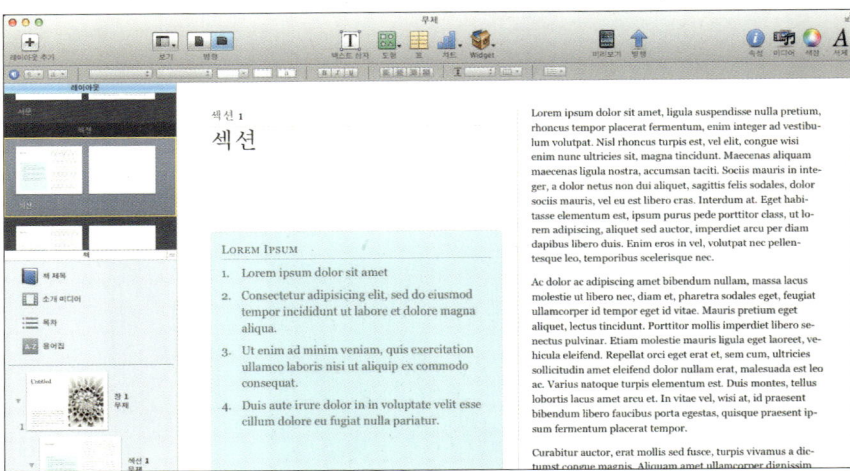

[갤러리]는 여러장의 사진을 한 영역에 등록해서 손가락으로 넘겨 볼 수 있게 해주는 위젯입니다.

2 | 'LOREM IPSUM' 상자를 삭제하고 제목 상자를 드래그해서 문서 하단에 배치합니다.

3 | 🐛 [Widget] 버튼을 클릭한 다음 [갤러리] 버튼을 클릭합니다.

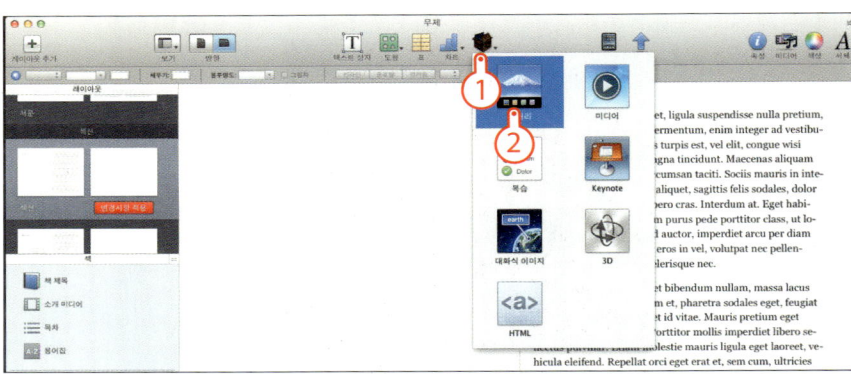

[레이아웃 보기]를 선택하면 레이아웃 탐색창이 나타납니다.

4 | [갤러리] 요소를 선택한 후 [속성] 패널에서 ⚙ 탭을 클릭한 후 [레이아웃]에서 모든 요소의 체크 상자를 클릭해서 선택을 해제합니다.

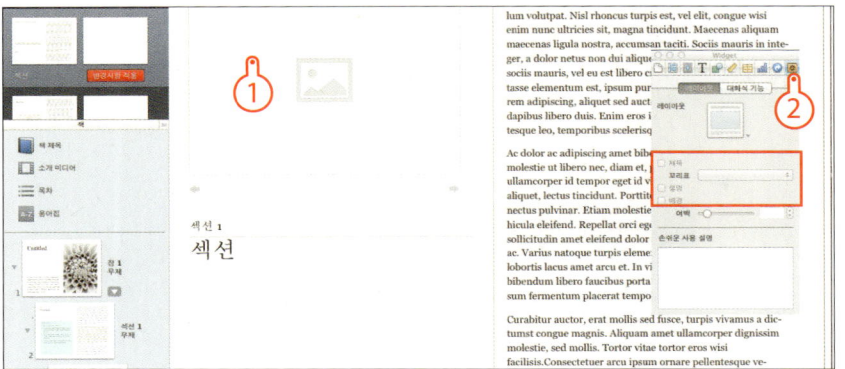

5 | 본문 문단을 클릭하면 나타나는 조절점을 드래그해서 크기를 조절하고 다시 클릭해서 본문을 선택한 다음 ⊞▾ 버튼을 누르고 [2 Column]을 선택합니다.

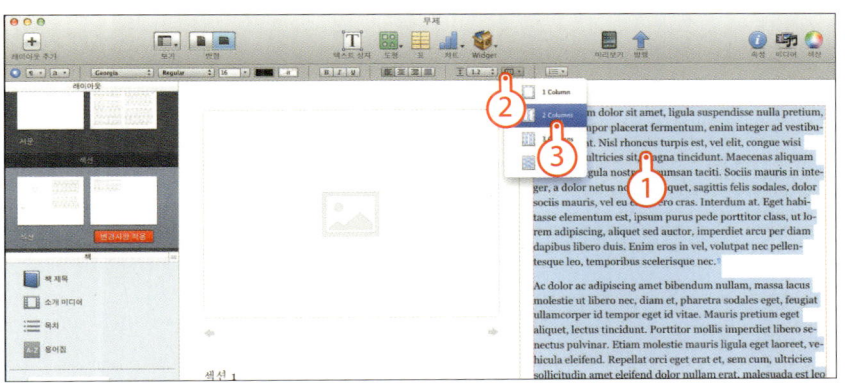

6 | ▦ [도형] 버튼을 클릭한 다음 ■ 도형을 선택합니다.

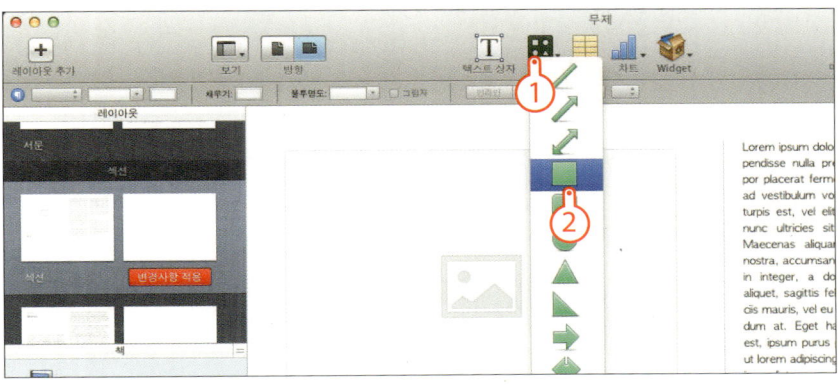

7 | 도형을 본문 하단 부분으로 마우스로 드래그해서 다음과 같이 배치합니다.

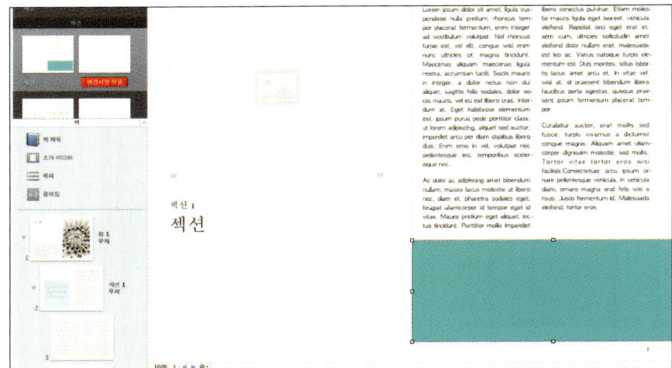

[도형]에 텍스트를 입력하거나
그림을 삽입해서 다양한 구성
으로 표현할 수 있습니다.

8 | 도형을 선택한 다음 [속성] 패널에서 🖌 버튼을 클릭하고 [채우기]의 내림 버튼을 클릭해서 [이미지 채우기]를
선택합니다.

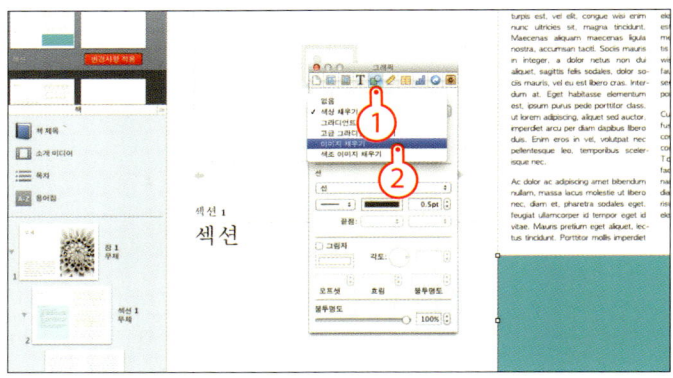

[색조 이미지 채우기]를 선택
하면 그림에 색을 넣은 효과
를 줄 수 있습니다.

9 | [열기] 대화 상자가 나타나면 도형 배경에 넣을 이미지를 선택하고 [열기] 버튼을 클릭합니다.

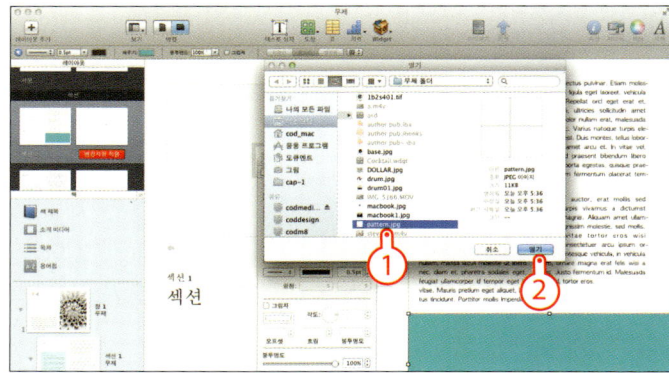

10 | 채우기 방식을 선택하는 옵션의 내림 버튼을 클릭한 다음 [타일]을 선택합니다.

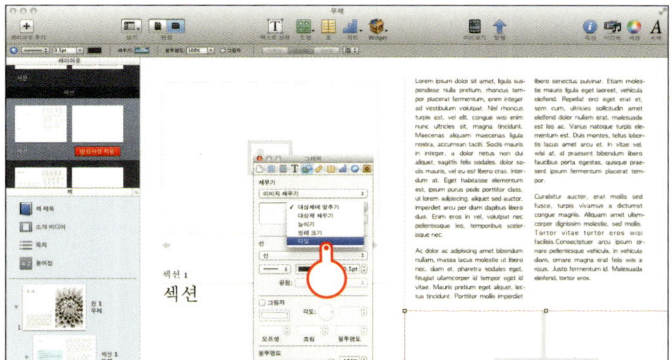

[타일]은 선택한 이미지를 반복
으로 붙여 넣어 지정한 요소의
배경으로 채워주는 옵션입니다.

11 | [T] [텍스트 상자] 버튼을 클릭해서 글상자를 추가한 후 직사각형 도형 위에 '소개' 글과 글을 입력할 수 있는
글상자를 추가해서 꾸밉니다.

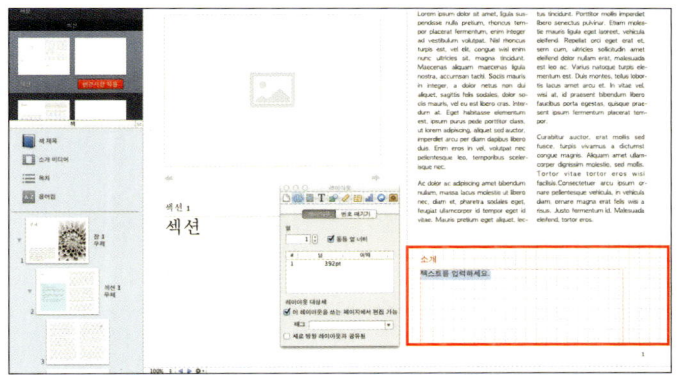

글을 입력할 수 있는 글상자는
[속성] 패널에서 [이 레이아웃을
쓰는 페이지에서 편집 가능] 항
목을 체크해야 합니다.

12 | 글자 스타일을 꾸민 후 [변경사항 적용] 버튼을 클릭해서 작업한 레이아웃을 본문 레이아웃에 적용시킵니다.

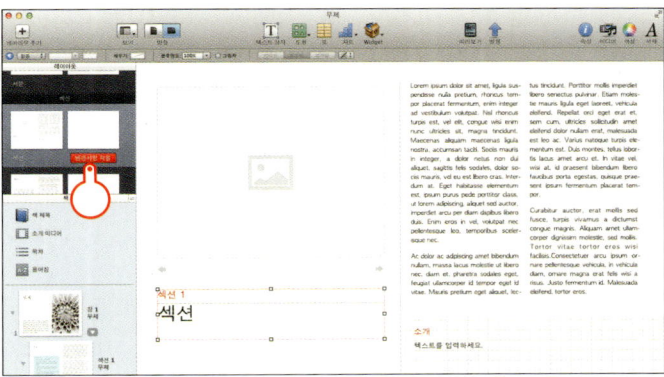

13 ┃ 본문 레이아웃에서 '섹션' 페이지를 선택하면 앞에서 제작한 레이아웃이 열립니다. [갤러리] 위젯에서 그림을 선택해서 그림을 삽입할 수 있습니다.

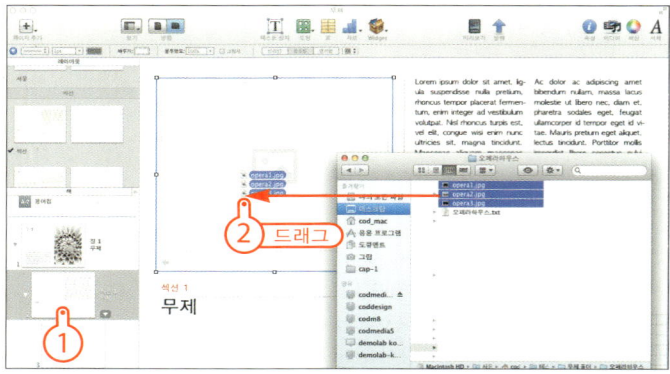

[갤러리]에는 한 번에 여러장의 그림을 선택하고 드래그해서 삽입할 수 있습니다. [속성]-[대화식 기능]에서 그림의 순서를 바꿀 수 있습니다.

14 ┃ 각 글상자에 글을 입력해서 문서를 꾸밉니다.

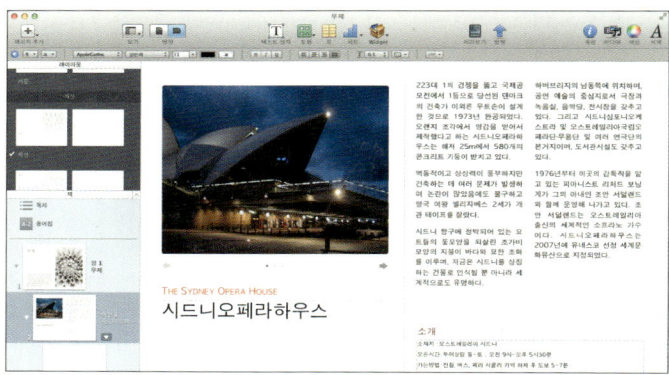

15 ┃ 아이패드를 맥 PC에 연결한 다음 [미리보기] 버튼을 클릭해서 미리 보기를 실행합니다. [갤러리] 위젯의 그림을 좌우로 손가락으로 드래그해서 그림을 넘겨 볼 수 있습니다.

[갤러리] 위젯 좌우 하단에 표시되는 화살표는 아이패드 아이북스에서는 보이지 않습니다.

04

글과 그림
자유롭게 편집하기

레이아웃 편집은 문서의 전체적인 구성을 공통적으로 설정하기 위해서 꾸미기 위해서 사용하는 것이므로 특정 페이지를 자유롭게 꾸밀 경우에는 직접 페이지 내에서 꾸미는 것이 좋습니다. 글과 그림을 삽입해서 문서 페이지를 꾸미는 방법에 대해서 알아보겠습니다.

1 | 아이북스 오서를 실행한 후 [사설] 템플릿을 엽니다. 섹션 페이지를 열고 [Lorem Ipsum], 그림 영역을 삭제합니다.

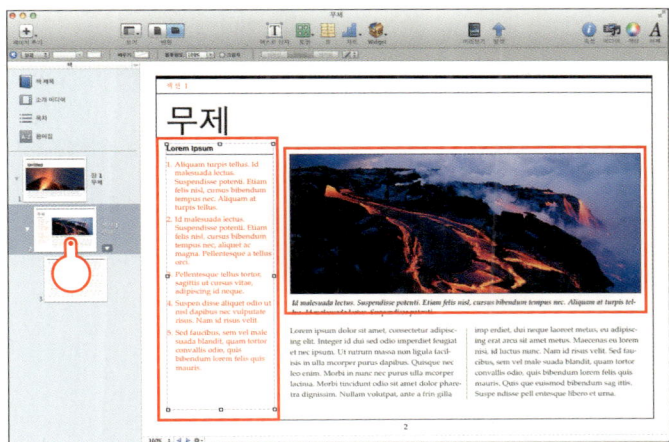

페이지에서 사용하지 않은 요소는 선택한 후 Delete 를 눌러 삭제합니다.

2 | [Finder]를 실행한 다음 문서에 삽입할 그림을 마우스로 드래그해서 문서에 삽입합니다.

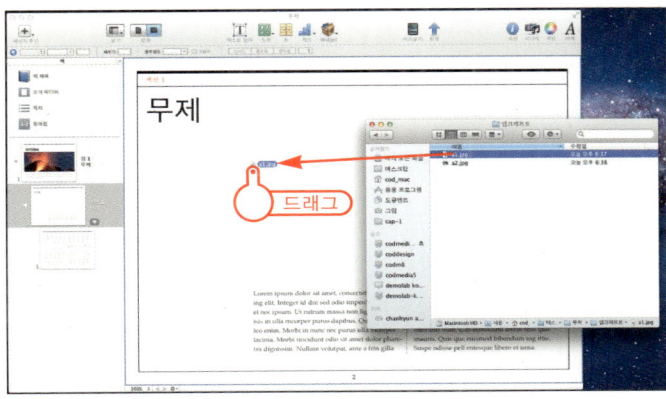

드래그

3 | 그림을 선택한 상태에서 [속성] 패널의 ✐ 탭을 누른 후 [비율 유지] 항목을 체크하고 [크기]의 가로 항목에 '900'을 입력해서 크기를 조절합니다.

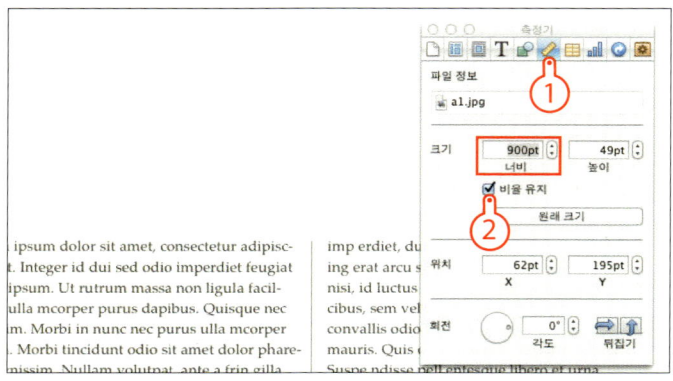

그림의 수치를 입력하면 정교하게 그림 크기를 조절할 수 있습니다.

4 | [속성] 패널의 ✐ 탭을 누른 후 [선] 항목에 [그림 프레임]을 선택하고 번짐 효과가 있는 프레임을 선택합니다. 그리고 [그림자] 항목을 체크해서 그림자를 표시합니다.

5 | [속성] 패널의 ⚙ 탭을 누른 후 [설명] 항목만 체크한 후 설명 상자에 글을 입력해서 꾸밉니다.

그림에 대한 주석을 표시할 경우 [설명] 요소를 이용합니다.

6 | 같은 방법으로 그림을 삽입해서 꾸밉니다.

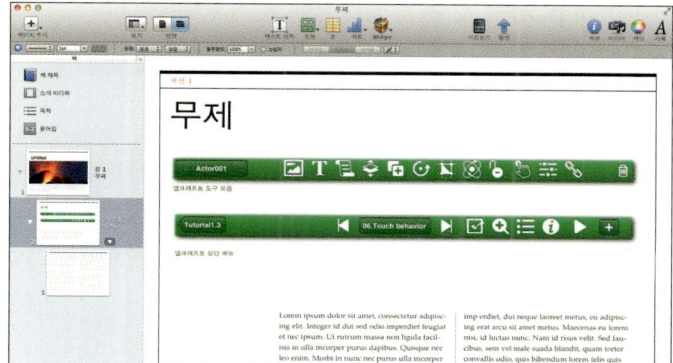

7 | 하단의 글상자와 선을 드래그해서 왼쪽으로 이동합니다.

선은 편집 상태에서 삭제되지 않으므로 선을 선택하고 [정렬]–[잠금 해제] 메뉴를 실행한 후 삭제합니다.

8 | 글과 그림을 삽입해서 다음과 같이 문서를 꾸밉니다.

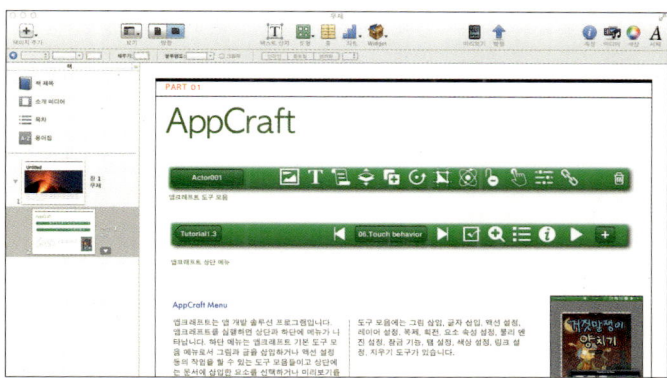

05

큰 이미지와 스타일 삽입을
이용하여 문서 꾸미기

문서 크기에 넘치는 이미지를 넣으면 보다 시각적인 효과를 연출할 수 있고 순서가 있는 목록을 꾸밀 때 스타일 복사를 이용하면 보다
쉽게 스타일을 적용할 수 있습니다. 여기서는 아이폰 기능을 소개하는 페이지를 두 가지 기능을 이용해서 꾸며 보겠습니다.

1 | 아이북스 오서를 실행한 후 [사설] 템플릿을 엽니다. ![[Finder]를 실행한 다음 문서에 워드 문서를 드래그해
서 문서에 삽입합니다.

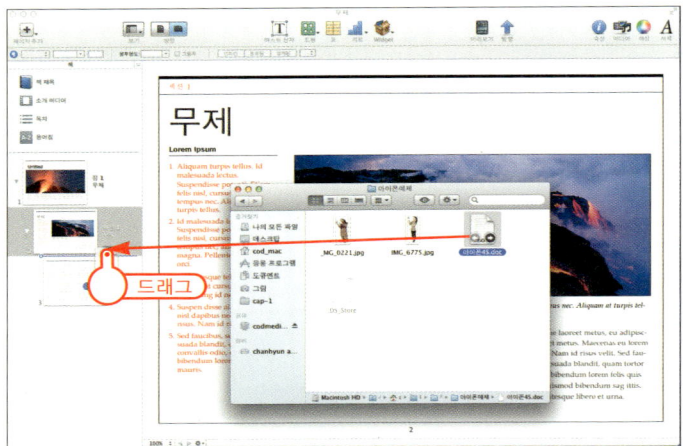

장문의 글을 삽입할 경우 워드 문서
(＊.doc)를 삽입해서 꾸미는 것이
편리합니다.

2 | 콘텐츠 레이아웃 창이 열리면 [섹션] 항목을 선택하고 [선택] 버튼을 클릭합니다.

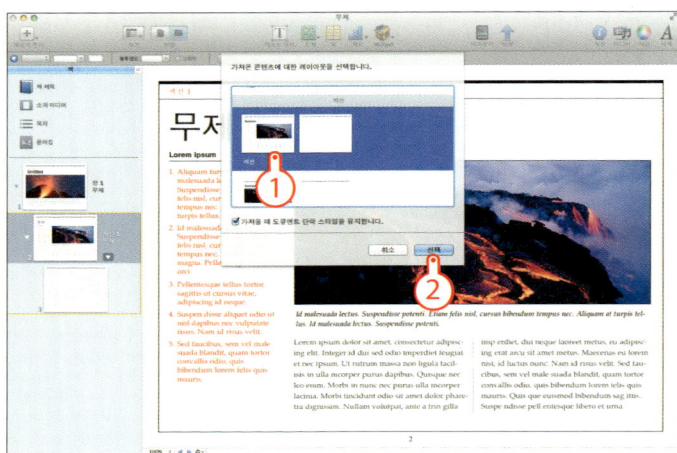

3 | 사용하지 않는 섹션 페이지를 마우스 오른쪽 클릭한 후 [섹션 삭제]를 클릭해서 삭제합니다.

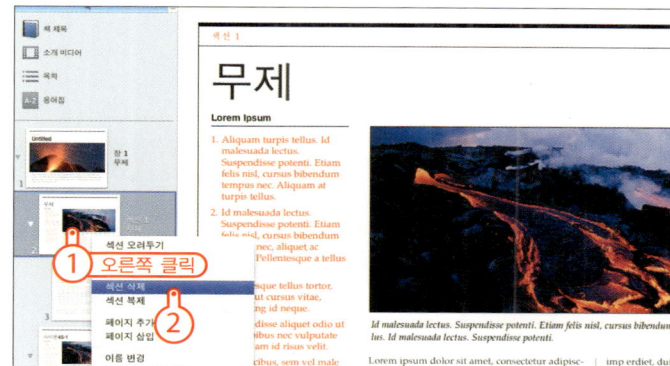

섹션을 삭제하는 경우 섹션에 하위 문서로 포함된 페이지가 함께 삭제됩니다.

4 | 추가된 섹션 페이지를 선택한 후 [Lorem Ipsum], 그림 영역, 선을 삭제합니다.

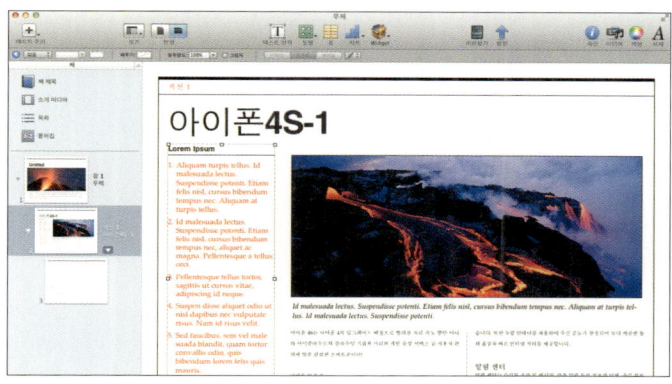

5 | 글상자를 1단으로 설정한 후 문서 왼쪽으로 이동시켜서 꾸밉니다.

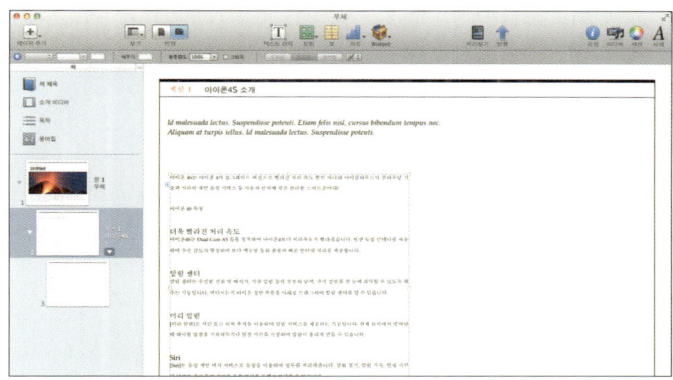

본문의 글상자를 더블 클릭한 후 포맷 상자에서 [열 수] 내림 버튼을 클릭하고 [1 Column]을 선택해서 1단의 문단을 만들 수 있습니다.

6 | 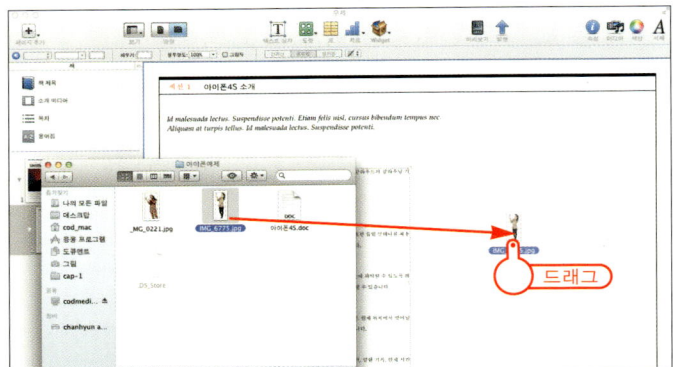를 실행한 다음 문서에 삽입할 이미지를 마우스로 드래그해서 삽입합니다.

문서 안에 크게 이미지를 삽입
할 경우 문서의 크기인 1024
×768 픽셀 크기에 알맞게 이
미지의 해상도를 조절해서 사
용해야 합니다.

7 | 그림의 조절점을 마우스로 드래그해서 문서 전체에 꽉 차도록 크기를 조절한 후 [속성] 패널의 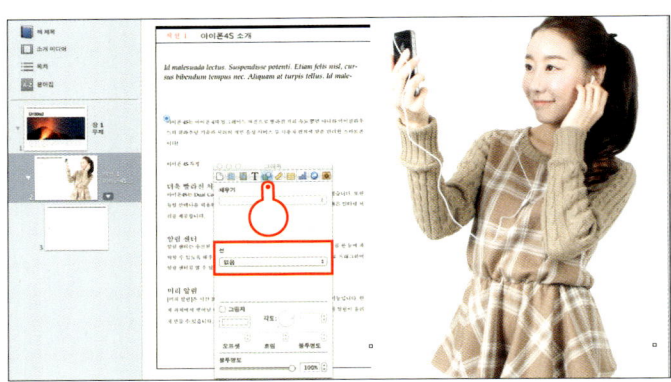 탭에서 [선]
항목을 [없음]으로 지정합니다.

이미지를 삽입하면 기본
적으로 테두리에 선이 표
시됩니다.

8 | [포맷]–[이미지] 메뉴에서 [인스턴트 알파]를 실행한 후 배경의 흰색 부분을 드래그해서 배경을 지웁니다.

9 | 본문 글상자의 첫 문단의 내용을 마우스로 드래그해서 블록을 설정한 후 ⌘+X 를 눌러 잘라냅니다.

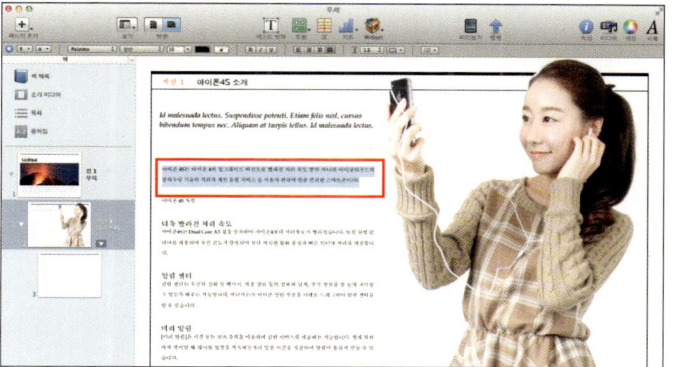

10 | 상단의 글상자를 더블 클릭해서 글자를 선택한 후 ⌘+V 를 눌러 내용을 붙여 넣은 후 포맷 상자의 글자 속성을 이용하여 글자를 꾸밉니다.

11 | 본문 글상자에서 제목 부분을 드래그해서 블록을 설정한 후 🔵 버튼을 누르고 [부머리말2] 스타일을 선택합니다.

12 | 포맷 막대의 글자 속성을 이용하여 글자를 예쁘게 꾸밉니다.

13 | 같은 방법으로 소제목에도 스타일(머리말3)를 적용한 후 [속성] 패널에서 ⊤ 탭의 [목록] 탭에서 [구분점 및 번호 매기기]의 내림 버튼을 누르고 [번호]를 선택합니다.

[구분점 및 번호 매기기]는 선택한 문단 앞에 기호 또는 번호를 표시해주는 옵션입니다.

14 | [속성] 패널에서 번호 모양을 [1. 2. 3. 4.]을 선택하고 [이전에서 계속]을 선택합니다.

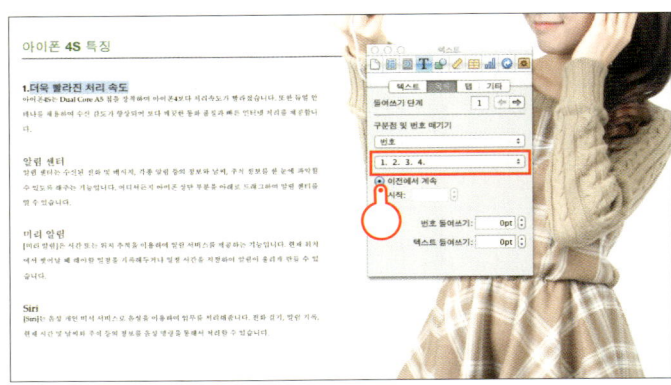

[이전에서 계속]을 선택해야만 입력 순서대로 번호가 매겨집니다.

15 | 소제목을 클릭해서 커서를 위치한 다음 [포맷]–[단락 스타일 복사] 메뉴를 클릭합니다.

단락 스타일을 선택한 문단에 사용된 줄 간격, 글자 간격 등의 문단 속성을 복사해주는 기능입니다.

16 | 두 번째 소제목을 블록을 설정한 다음 ⌘, option + V 를 눌러 스타일을 적용합니다.

⌘, option + V 는 복사한 스타일을 지정한 글자 영역에 적용해주는 바로 가기 키입니다.

17 | 본문의 글을 블록을 설정한 다음 스타일 목록에서 [머리말 및 꼬리말]을 클릭해서 스타일을 적용합니다.

18 | 포맷 막대에서 [줄 간격]의 내림 버튼을 누른 다음 [1.2]를 선택합니다.

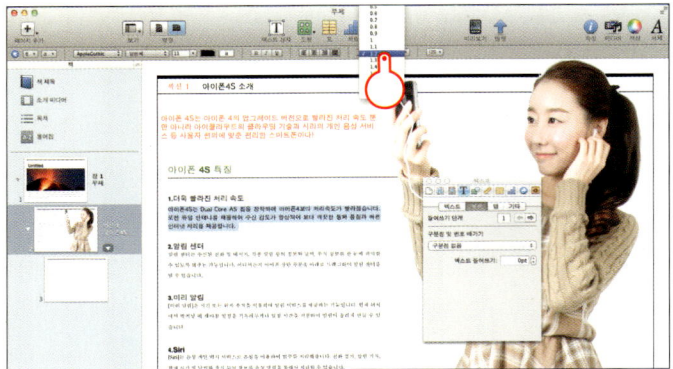

포맷 막대에서는 줄간격을 최대 [2]까지 설정할
수 있습니다. [속성]-[텍스트]에서 최대 [10]까지
줄간격을 조절할 수 있습니다.

19 | 본문의 글을 클릭해서 커서를 위치한 다음 [포맷]-[문자 스타일 복사] 메뉴를 클릭합니다.

[문자 스타일 복사]는 커서가 있
는 글자에 사용된 글자 크기, 글
꼴 등의 속성을 복사해주는 기능
입니다.

20 | 같은 방법으로 스타일을 적용할 글을 블록으로 설정한 다음 [⌘], [option]+[V]를 눌러 스타일을 적용합니다.

[⌘], [option]+[V]는 문단 스타일 복사
또는 단락 스타일 복사로 저장된 스타일
을 적용할 때 함께 사용하는 바로 가기
키입니다.

06

페이지 사이에
이미지 연결해서 꾸미기

페이지와 페이지 사이에 이미지가 연결되도록 이미지를 꾸미면 멋진 시각적인 효과를 연출할 수 있습니다. 페이지와 페이지 사이에 이미지를 배치할 수 없으므로 이미지를 복사해서 이미지와 이미지를 연결해서 꾸며야 합니다.

1 | 앞에서 제작한 문서를 연 다음 이미지를 드래그해서 페이지 연결 부분으로 이동합니다.

이미지를 페이지 사이에 위치하면 두 번째 페이지 영역에는 이미지가 표시되지 않습니다.

2 | ⌘+C 를 누른 후 ⌘+V 를 눌러 이미지를 붙여 넣은 다음 마우스로 드래그해서 두 번째 페이지로 이동시킵니다.

복사한 이미지를 두 번째로 이동하면 두 번째 페이지에 이미지가 표시되지만 반대로 첫 번째 페이지에는 이미지가 나타나지 않게 됩니다.

3 | 이미지를 마우스로 드래그해서 첫 번째 이미지와 경계가 맞도록 위치를 조절합니다.

첫 번째와 두 번째 페이지를 이
동시켜 이미지가 잘 맞게 위치되
었는지 확인합니다.

4 | 아이패드를 맥 PC에 연결한 다음 ▦ [미리보기] 버튼을 클릭해서 미리 보기를 실행합니다. 첫 번째와 두 번째 페이지 사이에 삽입된 이미지가 잘 표현되는지 확인합니다.

BOX | 페이지 사이 이미지 넣는 효과

아이북스 오서의 가로 보기에서 페이지 이동은 좌
우로 스크롤하여 이동됩니다. 그러므로 페이지와
페이지 사이에 이미지를 넣으면 페이지끼리 연결
되는 멋진 효과를 연출할 수 있습니다. 이미지를
많이 사용하는 시각적인 효과를 연출할 때 주로
사용합니다.

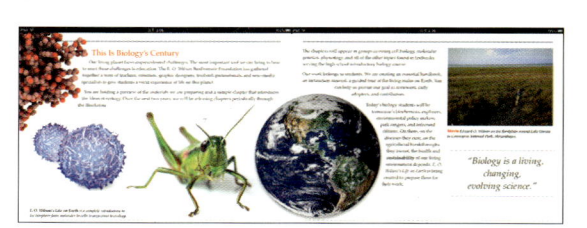

▲ [Life on Earth] 도서는 페이지 사이에 이미지를 넣어서 시각적인 효과를
연출했습니다.

아이북스 오서로 제작한 도서 중 [iCloud for Beginners]는 멀티미디어 요소를 적절히 잘 사용한 도서로 아이북스 오서 제작에 참고하기에 충분합니다. 이 도서를 설치하기 위해서 [iBooks Store]에서 미국 계정으로 로그인한 다음 'iCloud for Beginners'를 검색해서 도서를 설치할 수 있습니다.

[iCloud for Beginners]를 실행하면 아이북스 오서만의 장 페이지의 구성을 볼 수 있습니다. 하단의 장 목록을 탭하여 장을 이동할 수 있고 슬라이드 목록을 드래그해서 섹션별로 넘겨 볼 수 있습니다. 장 페이지는 풀 이미지로 페이지를 채워 무척 고급스럽게 디자인했습니다. 본문은 텍스트와 [갤러리] 위젯을 이용하여 텍스트에 대한 설명을 다양한 이미지로 보여주고 있습니다. 전체 27 페이지에 불과하지만 위젯을 이용하여 내용을 압축했기 때문에 실제 뷰페이지는 무척 많은 편입니다.

아이북스의 자유로운 편집 기능을 이용하여 단 구분과 텍스트와 이미지를 어우러지게 배치하여 꾸몄습니다. 특히 큰 이미지를 사용하여 자칫 지루할 수 있는 이미지에 포인트를 주고 있습니다. [iCloud for Beginners]는 적은 페이지에 자유로운 편집이 돋보이는 도서이므로 도서의 구성을 유념하면서 잘 분석해 보도록 합니다.

5

전자책 출판 작업

01 전자책 출판 준비하기

아이북스로 전자책을 출판하려면 여러 가지 준비해야 할 사항들이 있습니다. 출판 등록을 하기 위해 꼭 등록해야 할 사항과 출판할 도서를 등록할 때 등록해야 할 사항들이 있습니다. 여기서는 출판 등록에 앞서 준비할 사항들에 대해서 알아보겠습니다.

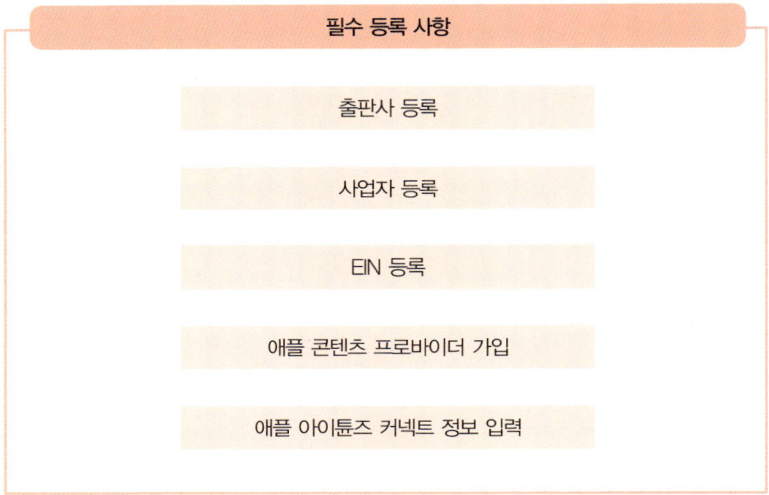

필수 등록 사항

출판사 등록

사업자 등록

EIN 등록

애플 콘텐츠 프로바이더 가입

애플 아이튠즈 커넥트 정보 입력

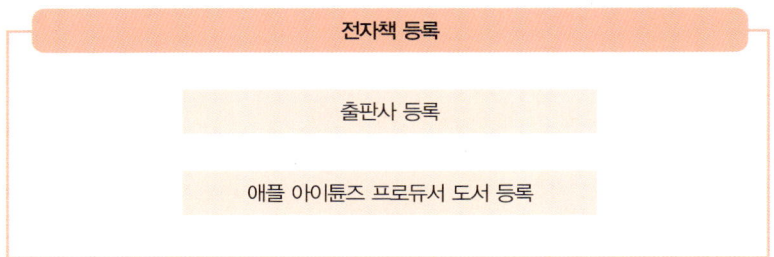

전자책 등록

출판사 등록

애플 아이튠즈 프로듀서 도서 등록

출판사명 검색

출판 등록을 하기 전에 미리 출판사 상호를 생각해두도록 합니다. 같은 출판사 상호가 존재하면 안되므로 생각해둔 출판사 상호가 존재하는지 미리 확인해두도록 합니다. [출판사/인쇄사 검색 시스템] 홈페이지(http://61.104.76.20/html)에 접속한 다음 왼쪽 검색 목록에서 '출판사'로 상호를 검색합니다.

출판사 등록 신청

출판사 상호를 생각해두었으면 해당 구청의 문화관광처 또는 문화공보처로 가서 출판사 신고를 합니다. 점포가 있는 경우에는 임대차 계약서를 제출해야 하고 무점포 등록시 집주소만으로 등록이 가능합니다. 구청마다 준비 서류에 차이가 있을 수 있으므로 해당 구청 홈페이지를 이용하여 문화관광처 또는 문화공보처로 전화하여 상담을 받도록 합니다. 접수 후 이상이 없을 경우 확인 전화가 옵니다. 안내에 따라 확인증을 받고 등록면허세를 수납하면 출판사신고확인증을 발급 받을 수 있습니다.

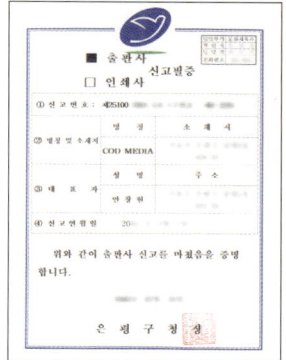

사업자 등록하기

출판사 등록은 출판에 대한 허가를 받는 절차라면 사업자 등록은 출판 판매에 대한 허가 절차입니다. 출판사 등록이 완료되었으면 출판사신고확인증을 지참하고 해당 세무서에 방문하여 사업자 등록 신고를 합니다.

EIN 등록

EIN(Employer Identification Number)란 미국 국세청에서 발급하는 사업자등록증으로 애플의 전자책 사업을 하기 위해서 꼭 발급받아야 하는 서류입니다. EIN을 다운로드 받기 위해서 http://www.irs.gov/pub/irs-pdf/fss4.pdf 에 접속해서 SS-4 서류를 다운로드 받습니다. 이 데이터는 내용을 기입할 수 있도록 제작된 PDF 문서로서 문서를 연 후 각 항목에 맞게 내용을 작성해서 프린트하면 됩니다.

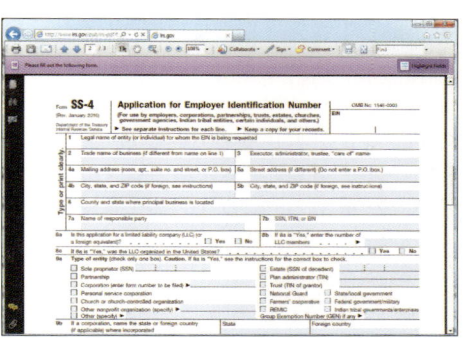

SS-4 서류 입력 내용

SS-4 서류에서 다음 항목만 내용에 맞게 영문으로 작성합니다.

항목	입력 내용
1	법적 이름
2	사업체 이름
3	대표 이름
4a	주소 입력(동까지 입력)
4b	주소 입력(구, 시, 도, 국가, 우편번호)
7a	책임자 이름
7b	N/A라고 입력
8a	주식회사 또는 법인회사 유무 체크(개인 사업자는 N/A에 체크)
9a	사업 종목 선택(개인 사업자는 sole proprietor 체크)
9b	[Foreign country] 항목에 Republic of korea 입력
10	신청 이유 선택(Compliance with IRS withholding regulations 체크)
16	사업 분야 선택(Other 체크 후 옆 칸에 e-book publishing 입력
18	EIN 신청 이력 유무 (처음이면 No, 그렇지 않으면 Yes)

SS-4 서류를 작성했으면 IRS 직원에게 통화를 통해 상담(전화번호 : 001-1-215-516-6999)하며 직원의 지시에 따라 FAX(팩스번호 : 001-1-215-516-1040)로 서류를 보냅니다. IRS 직원이 서류를 수신 받으면 검토 후 바로 EIN 번호를 알려줍니다. IRS는 필라델피아에 소재되어 있으므로 시차를 감안하여 필라델피아의 근무 시간에 맞춰 전화해야 합니다. 그리고 상담은 영어로 진행되므로 영어 회화에 능숙해야 상담이 수월합니다. SS-4 신청 결과 서류는 서류에 기입한 주소로 우편으로 보내줍니다.

애플 콘텐츠 프로바이더 가입

EIN 번호를 발급받았다면 애플 아이튠즈의 [Sell Your Content] 메뉴에 접속해서 도서 판매 서비스 등록을 해야 합니다. 도서 판매 서비스 등록할 때 애플 계정으로 등록해야 하는데 이때 앱 개발자 등록에 신청된 계정과 신용카드 등록이 되지 않은 계정은 이용할 수 없으므로 주의하도록 합니다. 서비스 등록을 했다면 [iTunes Connect] 홈페이지(http://itunesconnect.apple.com)에 접속한 후 전자 도서 출판을 위한 기본 정보, 은행 계좌 정보, 세금 정보 등을 등록합니다. 등록 심사는 소정의 시간이 소요되며 심사 결과를 계정에 등록한 이메일로 결과를 알려 줍니다. 이 과정을 완료하면 애플 아이북스로 도서를 등록할 수 있는 권한이 부여됩니다.

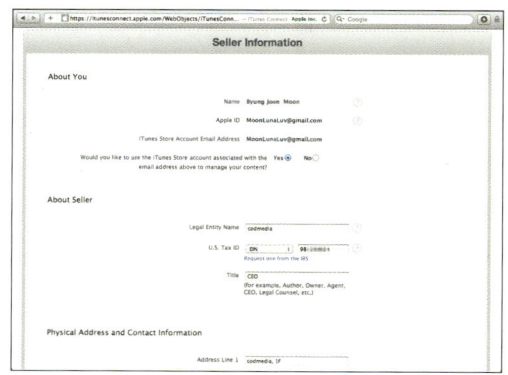

ISBN 등록하기

ISBN이란 도서에 대한 고유의 번호로 판매되는 모든 도서에는 반드시 ISBN을 발급받아야만 도서 판매를 할 수 있습니다. ISBN을 신청하는 방법을 알아보기 전에 ISBN 코드의 규칙에 대해서 살펴보겠습니다.

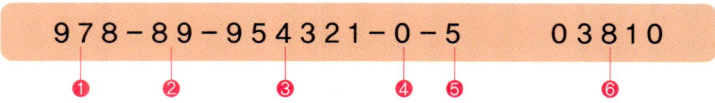

❶ **접두부** : 국제상품코드관리협회가 부여하는 3자리 숫자로 978 또는 979가 있습니다.

❷ **국별번호** : 국가 코드입니다. 대한민국은 89입니다.

❸ **발행자번호** : 출판사 분류 코드로 한국문헌번호센터에서 발행자번호를 신청하면 받는 코드입니다.

❹ **서명식별번호** : 서명식별번호로 보통 도서 출판 순서대로 숫자를 붙여서 사용합니다.

❺ **체크 기호** : 한국문헌번호센터에 랜덤하게 부여받는 번호입니다.

❻ **부가 기호** : 도서의 종류를 알려주는 5자리의 기호로 한국문헌번호센터에서 지시하는 규칙을 참조해서 입력합니다.

ISBN를 신청하려면 [한국문헌번호센터] 홈페이지(http://www.nl.go.kr/isbn)에 접속해서 [회원가입]을 클릭해서 회원가입을 한 후 [ISBN]-[발행자번호 신청] 메뉴를 클릭해서 출판사 고유 번호인 발행자 번호를 부여 받습니다. 출간할 책이 준비되었다면 [ISBN]-[도서번호(ISBN)신청] 메뉴의 [온라인 신청]을 클릭해서 ISBN 발급을 신청합니다. ISBN 번호를 입력할 때 [ISBN]의 [체크기호계산] 버튼을 클릭해서 마지막 번호를 부여받고 도서 종류에 맞는 부가기호를 입력해서 번호를 완성합니다. 부가 기호는 5자리의 기호로 [도서번호 작성 안내] 버튼을 클릭하면 자세한 설명을 볼 수 있습니다. 전자 도서는 부가 기호 두 번째 번호를 전자책 기호인 '8' 을 반드시 입력해야 합니다. ISBN 번호가 완성되면 도서 정보를 입력하고 [신청] 버튼을 클릭해서 신청을 완료합니다.

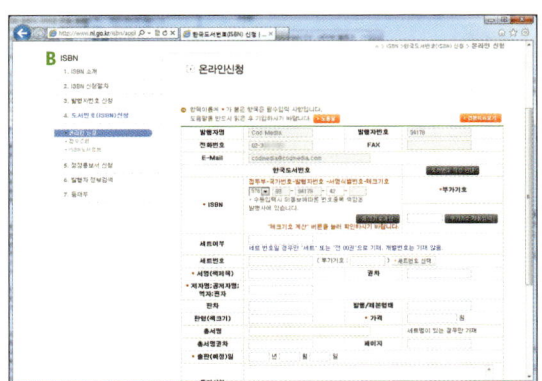

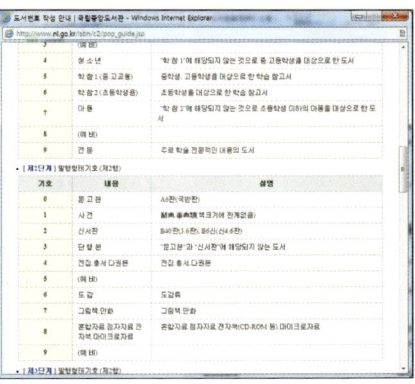

ISBN 신청이 완료되면 2~3일 결과를 통보해 줍니다. 정상적으로 신청되었으면 [ISBN]-[등재부] 메뉴를 클릭해서 결과를 확인할 수 있습니다. 만일 바코드가 필요할 경우 [바코드 출력]의 [바코드]를 클릭해서 바코드 이미지를 다운로드 받을 수 있습니다.

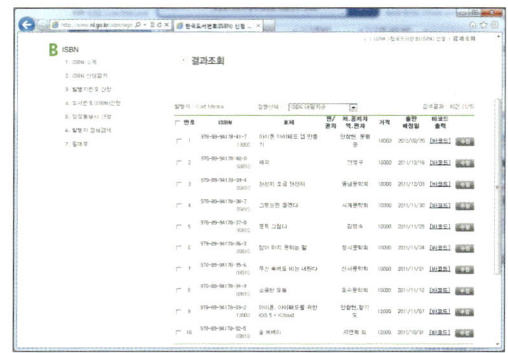

아이튠즈 프로듀서로 도서 등록

출판할 도서를 준비했다면 아이북스로 도서를 출판하여 데이터를 만든 후 [아이튠즈 프로듀서]를 이용하여 도서를 등록합니다. 이 과정에는 ISBN 등 도서에 대한 정보와 판매방법 등을 지정합니다. 등록이 완료되면 15일 정도 소요되는 심사를 거친 후 아이북스에 도서가 등록됩니다.

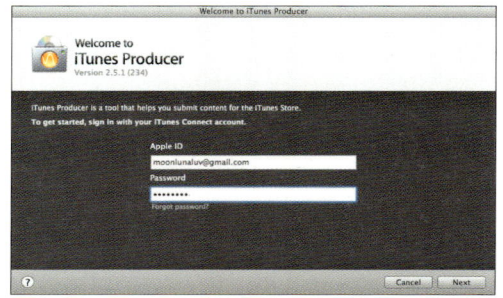

아이튠즈 커넥트로 도서 관리

아이튠즈 프로듀서를 통해 업로드한 도서의 정보는 아이튠즈 커넥트 홈페이지(http://itunesconnect.apple.com)에서 확인할 수 있습니다. 도서가 정상적으로 심사를 마치면 아이튠즈 커넥트에서 판매 상태로 전환된 것을 확인할 수 있습니다. 도서의 판매현황과 계약정보를 확인하고 관리할 수 있습니다.

02

애플 아이디로
사용하는 메일 계정 만들기

애플은 회원가입시 아이디로 메일 계정을 사용합니다. 여기서는 지메일을 사용하는 메일 계정을 만들어 보겠습니다.

1 | [Google] 홈페이지(http://www.google.co.kr)에 접속한 다음 [Gmail] 서비스에 접속한 후 [가입하기] 버튼을 클릭합니다.

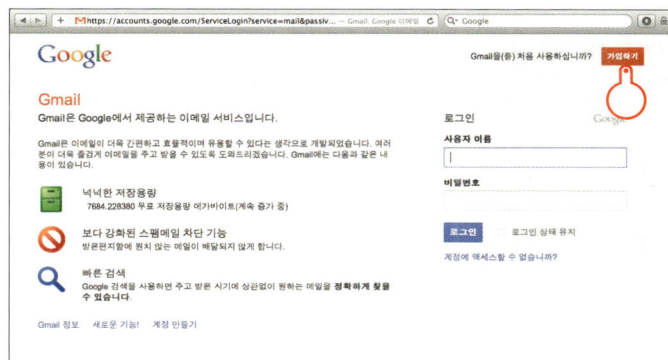

Gmail은 주민등록번호와 같은 개인정보를 입력하지 않아도 메일 계정을 생성 할 수 있습니다.

2 | 아이디와 비밀번호를 입력하고 아래 항목을 채워 넣어서 회원가입을 완료합니다.

 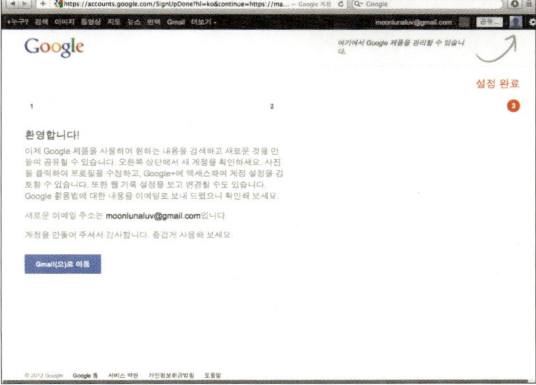

애플 아이디로 사용하는 메일 계정으로 애플에서 보내주는 정보 또는 인증 메일을 받습니다.

03

판매자 계정으로 사용할
애플 계정 등록하기

애플에 전자 도서를 등록하려면 아이튠즈 커넥트로 로그인할 수 있는 애플 계정이 필요합니다. 앱 개발자 등록이 되어 있지 않고 신용
카드 등록이 되어있는 계정만 사용이 가능하므로 애플 계정이 없거나 위 사항에 만족하지 않을 경우 새로운 계정을 만들어야 합니다.

1 | PC 또는 맥에서 [iTunes]를 실행한 다음 아이튠즈를 실행한 후 [Store]-[로그인] 메뉴를 클릭하면 나타나는
창에서 [Apple ID 생성] 버튼을 클릭합니다.

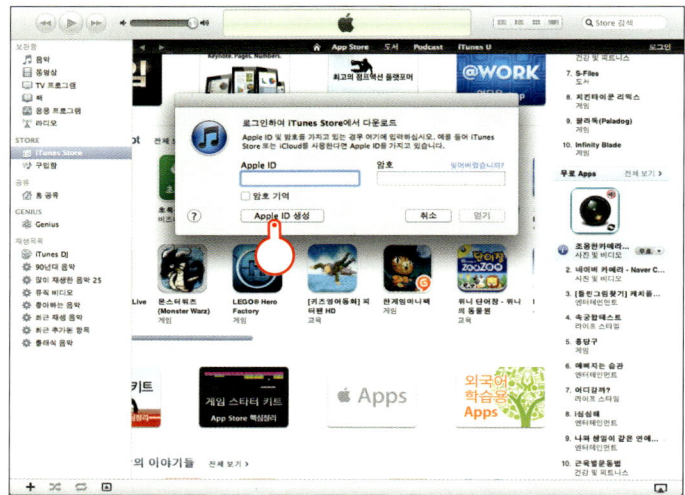

애플 계정 신청은 PC 또는 맥에서 아이튠즈 프로그
램을 설치해서 등록할 수 있습니다. 프로그램은 [애
플 아이튠즈] 홈페이지(http://www.apple.com/kr
/itunes)에서 다운로드 받을 수 있습니다.

2 | 안내 페이지가 나타나면 [계속] 버튼을 클릭하고, 가입 동의서 페이지의 [이 이용 약관을 읽고 동의합니다.] 항
목을 체크한 후 [동의] 버튼을 클릭합니다.

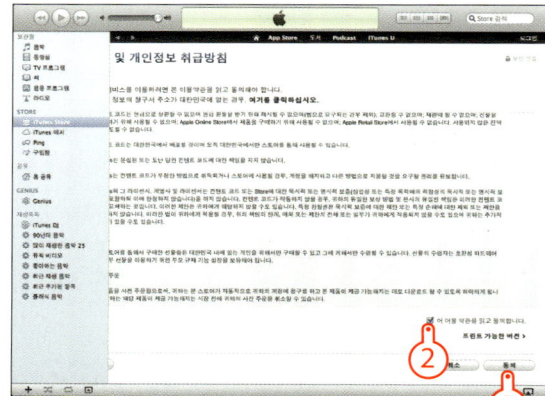

3 | [이메일] 항목에 애플 아이디로 사용할 메일 주소를 입력하고, 아래 항목을 모두 입력한 후 [계속] 버튼을 클릭합니다.

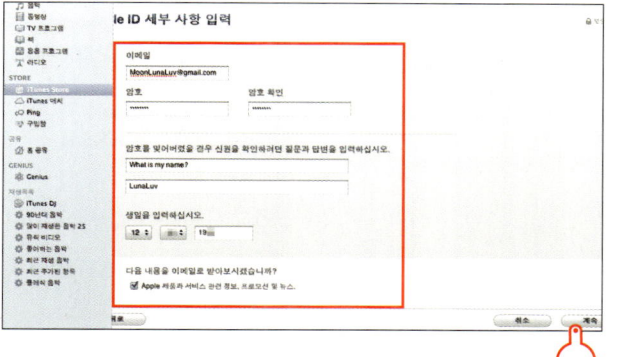

이메일은 개인 도메인 메일보다는 구글, 네이버, 다음 등 안정적인 이메일 서비스를 이용하고 암호는 영문 대소문자를 섞어서 입력하도록 합니다.

4 | [지불 방법] 항목에 결제 가능한 신용카드 정보를 입력하고 [청구서 주소]의 각 항목에 내용에 맞게 입력한 후 [Apple ID 만들기] 버튼을 클릭합니다.

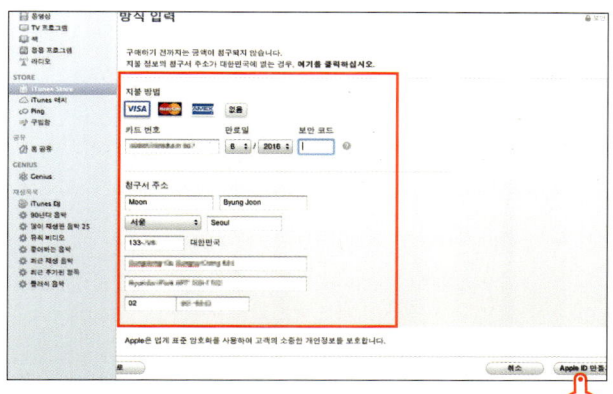

애플 도서 등록을 위한 애플 콘텐츠 프로바이더로 등록할 때 사용하는 애플 계정은 반드시 신용카드를 등록해야만 사용이 가능합니다.

5 | 계정 생성이 완료되고 확인 이메일이 전송되었다는 메시지가 나타납니다. [확인] 버튼을 클릭해서 계정 생성을 종료합니다.

애플 계정은 애플 도서 등록을 위한 목적이외에 아이폰, 아이팟 터치, 아이패드, 애플 TV 등 모든 애플 제품에서 이용이 가능합니다.

6 | 계정 설정을 할 때 등록한 이메일에서 메일을 확인합니다. [iTunes]에서 전송된 메일을 열어 인증 링크를 클릭하고 아이디와 암호를 입력한 후 [주소 확인] 버튼을 클릭합니다.

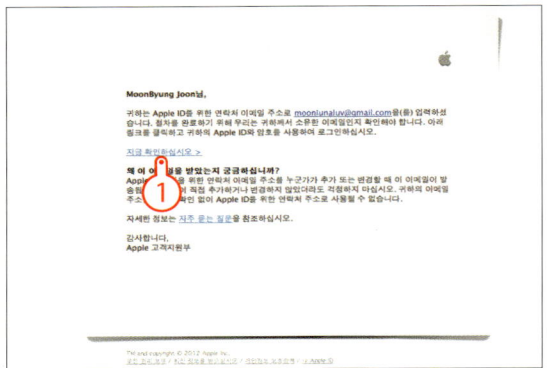 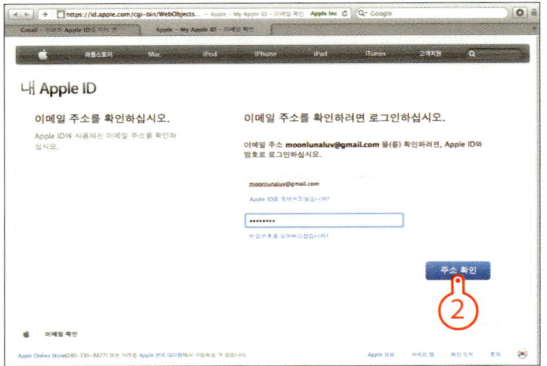

앞에서 애플 아이디를 생성하는 과정에서 입력한 이메일 주소로 인증메일이 발송됩니다.

7 | 이메일 인증이 정상적으로 처리되면 이메일 주소가 확인되었다는 메시지가 나타납니다.

[돌아가기 : Store로] 버튼을 클릭하면 아이튠즈 스토어 페이지로 돌아갑니다.

BOX | **아이튠즈에 미국 계정으로 가입하기**

미국에서 운영하는 앱스토어를 이용하기 위해서는 미국 계정을 신청해야 합니다. 한국 앱스토어보다 더 다양한 콘텐츠를 구할 수 있습니다. 미국 계정을 신청할 경우 국내 신용카드는 사용할 수 없습니다. [iTunes Store] 페이지의 오른쪽 하단을 보면 지정된 국가의 국기가 표시되며 아이콘을 클릭하여 미국의 [iTunes]로 변경할 수 있습니다.

04

아이튠즈 판매자
계정 만들기

아이북스 스토어에서 책을 출판하고 판매하려면 앞에서 만든 애플 아이디로 판매자 계정을 신청해야 합니다. 여기서는 애플사 홈페이지를 통해서 책 판매자로 등록하는 과정을 알아보겠습니다. 이 과정은 맥 PC에서 진행해야 합니다.

1 | [애플] 홈페이지(http://www.apple.com)에 접속한 다음 [iTunes] 메뉴를 클릭한 다음 하단에 위치해 있는 메뉴에서 [Sell Your Content] 항목을 클릭합니다.

 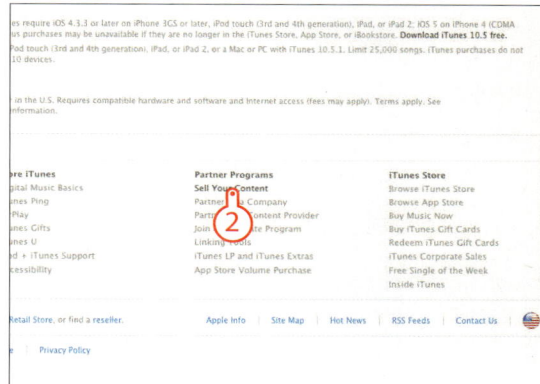

2 | 컨텐츠 종류를 선택하는 페이지에서 [Sell Your Books] 항목의 [Online application]을 클릭하고 [Create an Account] 페이지가 열리면 유료 도서 판매를 위해 [Create a Paid Books Account] 버튼을 클릭합니다.

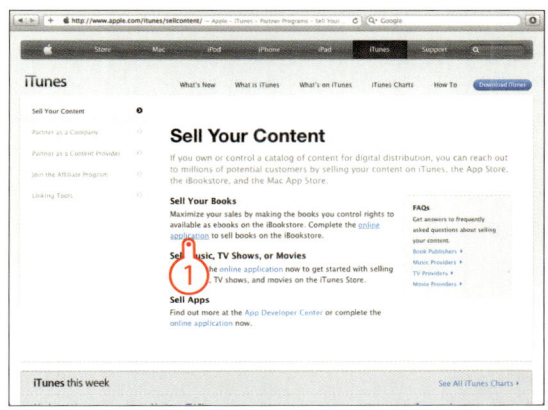 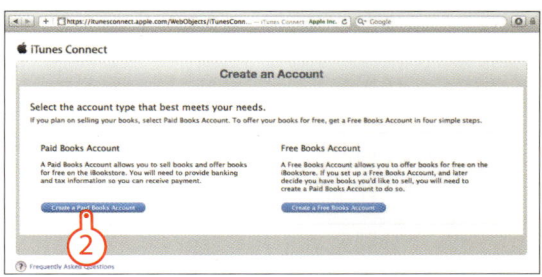

iBooks에서 책을 유료로 판매하려면 유료책 판매자 계정을 신청해야 합니다. 하나의 애플 아이디는 유료책 계정과 무료책 계정중 하나만 생성이 가능합니다.

3 | 필요한 사항을 알려주는 페이지가 나타나면 확인 후 [Continue]를 클릭합니다. 계정 설정 페이지가 나타나면 애플 계정 신청시 입력한 자신의 이름과 이메일 비밀번호를 입력하고 [Continue] 버튼을 클릭합니다.

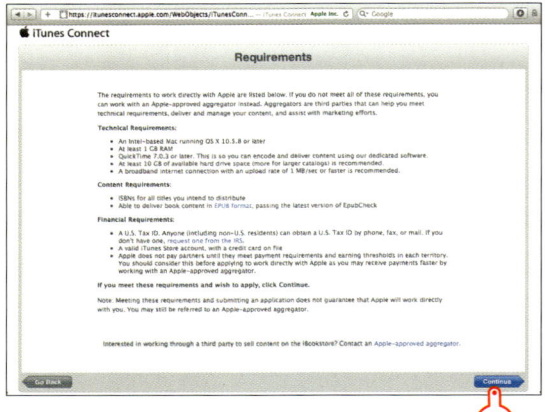 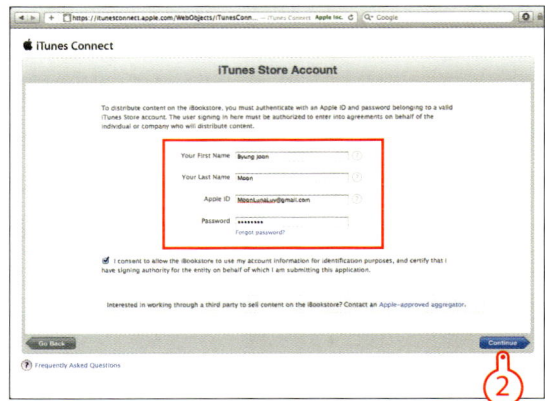

계정 신청때 사용한 영문 이름이 동일해야만 로그인됩니다.

4 | 판매자 정보 입력 페이지가 나타나면 [About You]와 [About Seller] 항목의 내용에 알맞게 작성합니다.

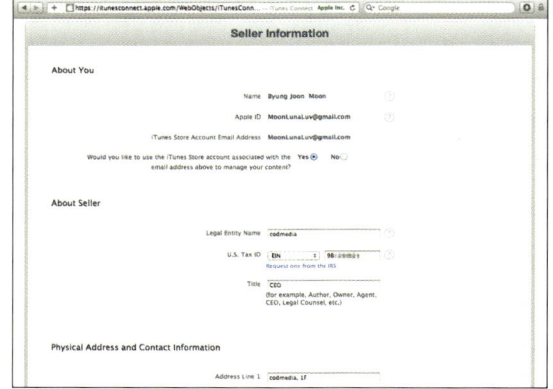

- 컨텐츠 관리를 위해 아이튠즈 스토어 계정으로 설정된 이메일을 사용할 것인지 선택합니다.
- [Legal Entity Name] : EIN 등록시 입력한 법적 이름을 입력합니다.
- [U.S. Tax ID] : 발급 받은 EIN 번호를 입력합니다.
- [Title] : 신청자의 직책을 입력합니다.

BOX | 유료 판매자 계정 신청시 요구사항

[Requirements] 페이지에서 소개하고 있는 유료 판매를 하기 위한 조건입니다. 모든 조건에 대한 준비가 되어 있는지 확인하도록 합니다.

- 하드웨어 장비 : 판매자 계정에 가입하고 스토어에 출판하려면 MAC PC가 필요합니다.
- ISBN : 출판하고자 하는 책의 ISBN 번호를 받아야 합니다.
- 출판 프로그램 : 전자책 제작툴이 필요하며 여기서는 iBooks Author를 사용합니다.
- 미국 EIN : 판매된 수익금에 따른 세금 계산을 위해 필요합니다.
- 앱스토어 계정 : 결제 가능한 카드가 등록되어 있어야 합니다.

5 | 스크롤을 아래로 내려 주소 정보를 입력하고 [Territory Rights] 항목을 선택한 후 [Continue] 버튼을 클릭합니다.

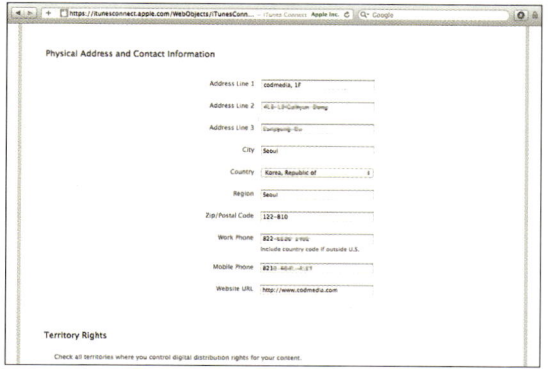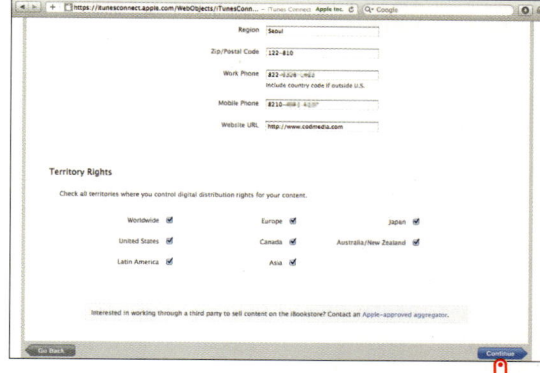

[Territory Rights] 항목은 자신의 디지털 배포물에 관한 권리를 행사할 지역을 선택합니다.

6 | 출판사에서 보유하고 있는 콘텐츠의 정보를 등록하고 [Continue] 버튼을 클릭합니다.

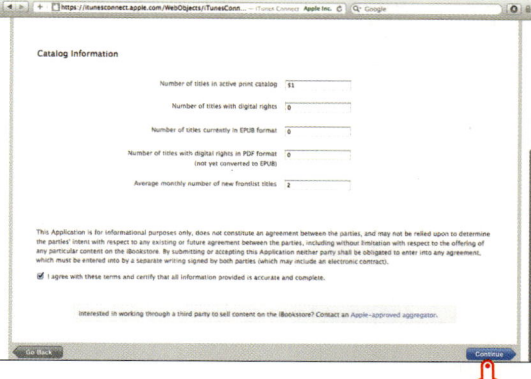

[Catalog Information]은 출판사에서 보유하고 있는 도서, EPUB, 디지털 저작권 등의 개수를 입력하는 항목입니다.

7 | 마지막으로 이메일 주소가 정확한지 다시 한 번 확인한 후 [Submit] 버튼을 클릭하여 신청을 완료합니다.

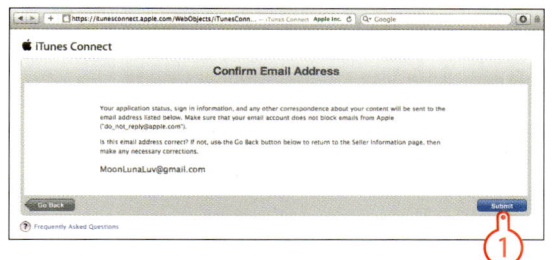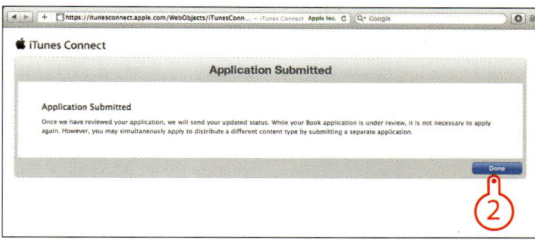

애플사의 심사를 거친 후 해당 이메일 주소로 승인 메일이 옵니다.

아이튠즈
프로듀서 설치하기

아이북스 오서로 제작한 도서는 [iTunes Producer] 프로그램을 이용하여 출판합니다. 도서 판매자 계정을 승인 받으면 아이튠즈 커넥트에 접속하여 아이튠즈 프로듀서를 받을 수 있습니다.

1 | 애플사에서 발송한 승인 메일을 열고 [iTunes connect]를 클릭한 후 [iTunes Connect] 페이지가 나타나면 승인된 애플 아이디를 사용하여 로그인합니다.

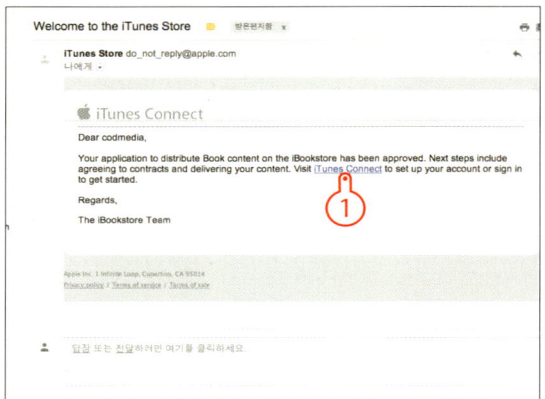 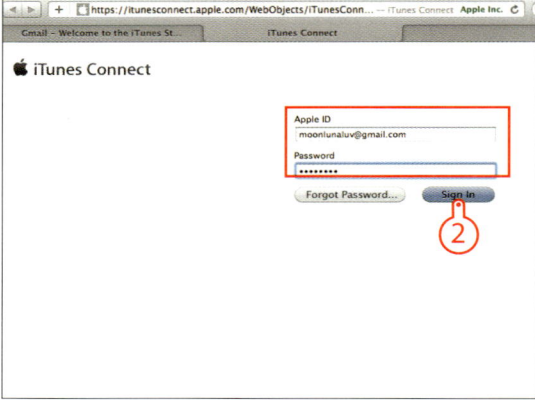

애플사에서 승인 메일이 오기 전까지 아이튠즈 커넥트 접속이 제한됩니다.

2 | 아이튠즈 커넥트 사용 계약서에 동의한 후 [Accept Terms] 버튼을 클릭하고 메인 페이지가 나타나면 [Deliver Your Content] 항목을 클릭합니다.

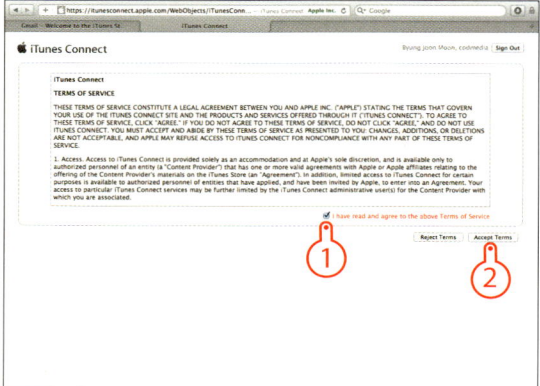 

3 | [iTunes Producer 2.5.1] 항목을 클릭해서 프로듀서 설치 파일을 다운로드 한 후 다운로드가 완료되면 파일을 실행합니다.

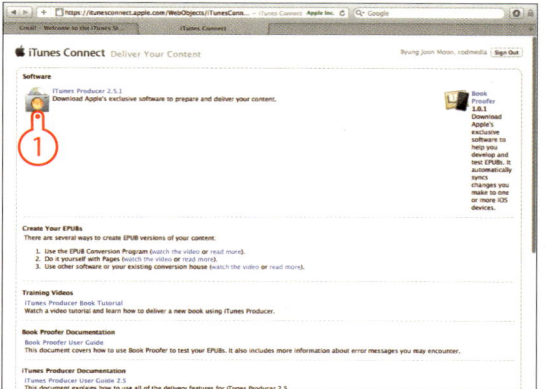 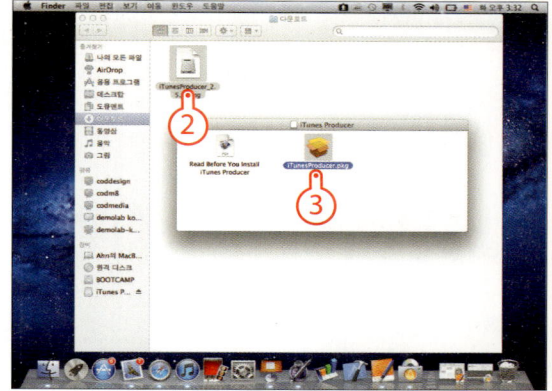

4 | 설치 관리자 창이 나타나면 순서에 따라 [계속] 버튼을 눌러 설치를 진행합니다.

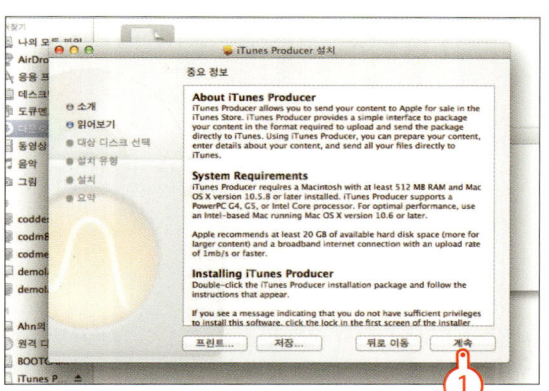 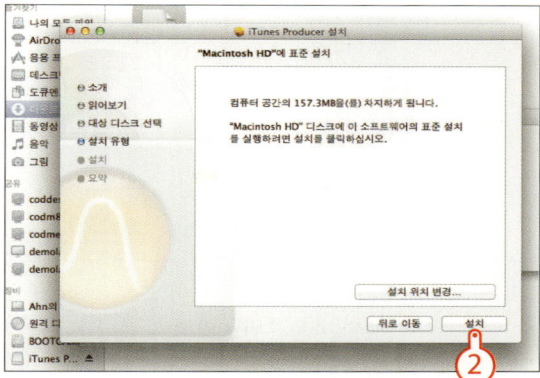

5 | MAC PC 관리자 암호를 입력한 후 설치를 완료합니다.

 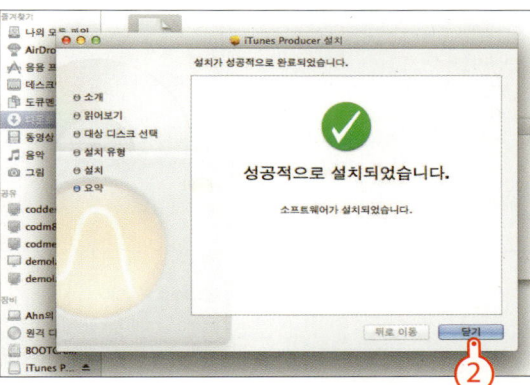

06

계약 및 세무,
은행정보 등록하기

제작한 도서를 아이북스 스토어에서 판매하기 전에 애플사와 판매수익금에 관한 계약을 체결하고 세무 및 은행정보를 등록해야 합니다.

1 | [아이튠즈 커넥트] 홈페이지(http://itunesconnect.apple.com)에 접속 후 로그인한 다음 [Contracts, Tax, and Banking] 메뉴를 클릭합니다.

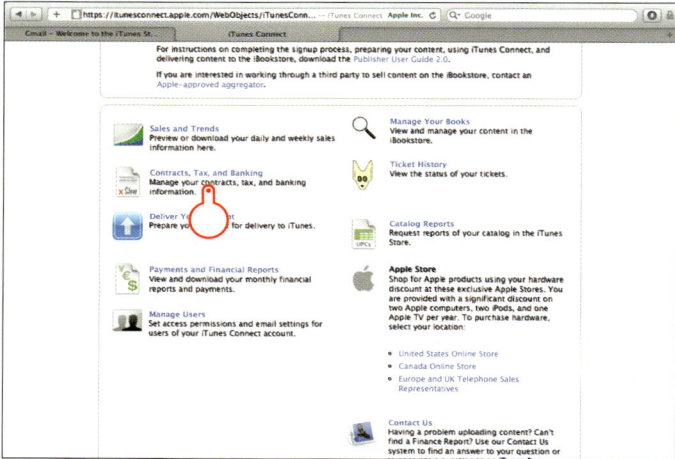

2 | [Add New Legal Entity] 버튼을 클릭하면 나타나는 정보 창에서 판매자 정보를 입력한 다음 [Save] 버튼을 클릭합니다. [Legal Entity] 항목에서 목록을 선택한 후 [Request] 버튼을 클릭합니다.

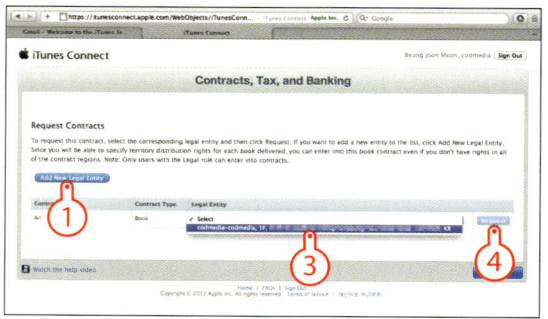

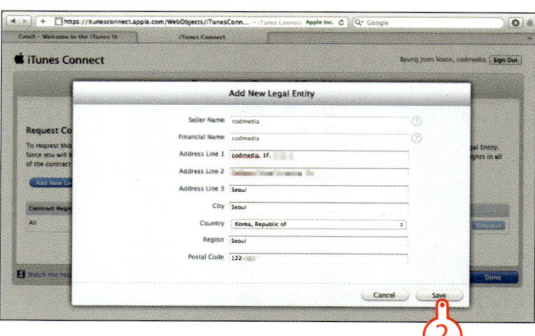

판매자 정보는 미국 EIN 신청시 등록한 법적 이름으로 입력합니다.

3 | 계약 동의서가 나타나면 [I have read and agree...]의 체크 상자를 클릭해서 체크한 후 [Submit] 버튼을 클릭하면 [Contacts, Tax, and Banking] 페이지가 나타납니다.

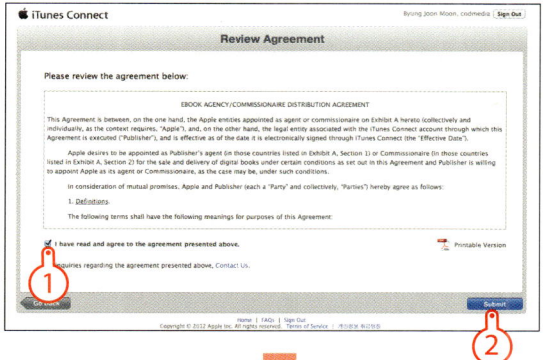 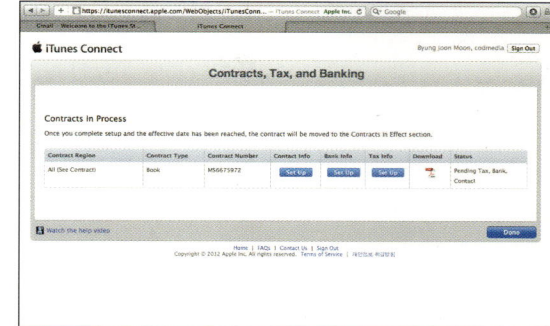

계약, 세금, 은행 정보를 등록하는 페이지

4 | [Contacts, Tax, and Banking] 페이지에서 [Contact info] 항목의 [Set Up] 버튼을 클릭해서 계약 정보 작성 페이지가 나타나면 [Add New Contact] 버튼을 클릭합니다. 판매자 정보를 입력한 후 [Save] 버튼을 클릭합니다.

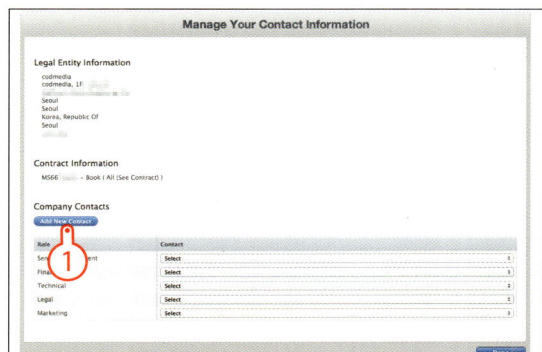 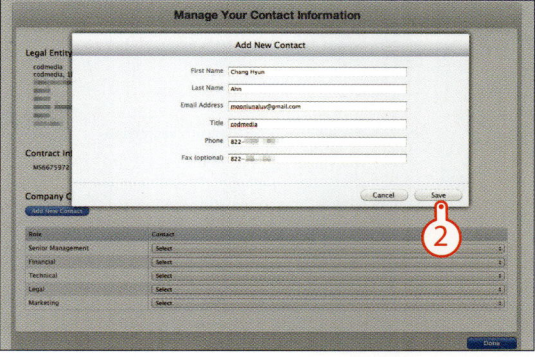

5 | [Company Contacts] 항목의 내림 버튼을 클릭해서 앞에서 등록한 목록을 선택한 후 [Done] 버튼을 클릭합니다.

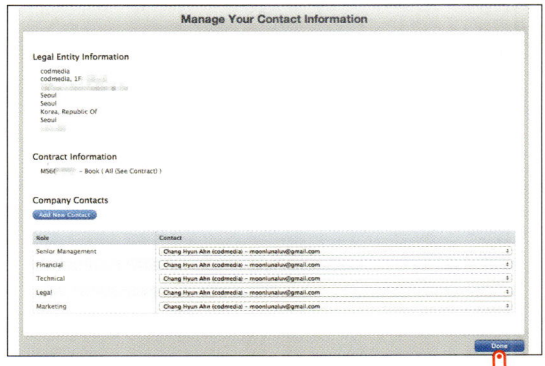 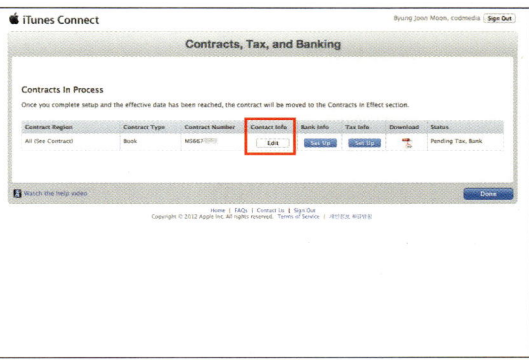

6 | [Contacts, Tax, and Banking] 페이지에서 [Bank Info] 항목의 [Set Up] 버튼을 클릭하면 나타나는 페이지에서 [Bank Country] 항목에 [Korea, Republic of]를 선택하고 [Next] 버튼을 클릭합니다. 은행 코드를 입력하는 항목이 나타나면 [Lookup your Bank]를 클릭합니다.

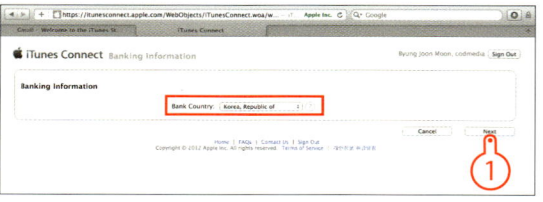 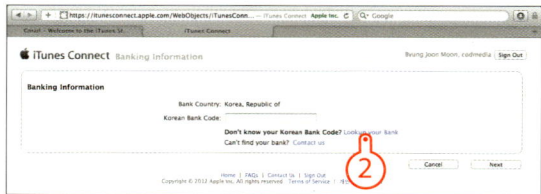

은행 코드를 알고 있을 경우 [Korean Bank Code]항목에 직접 입력합니다.

7 | 조건 검색으로 거래 은행을 찾아 선택한 후 [Next] 버튼을 클릭하고 확인 페이지가 나타나면 한 번 더 [Next] 버튼을 클릭합니다.

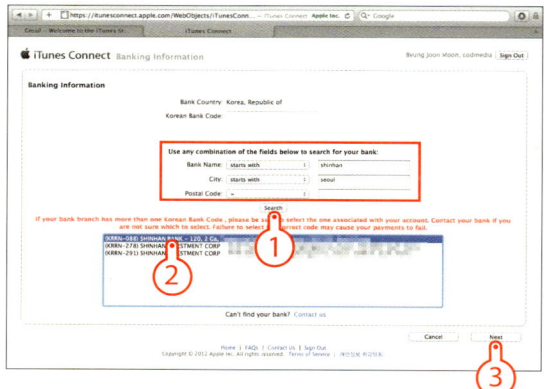 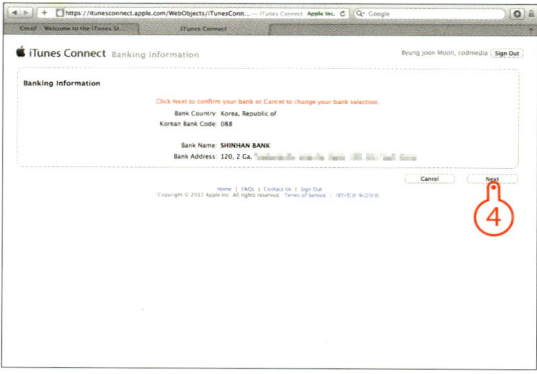

8 | 은행 계좌번호와 이름 및 기타 정보를 입력 한 후 [Next] 버튼을 클릭합니다. 마지막으로 모든 정보가 확실한지 확인 하고 아래 체크박스에 체크한 후 [Save]버튼을 클릭합니다.

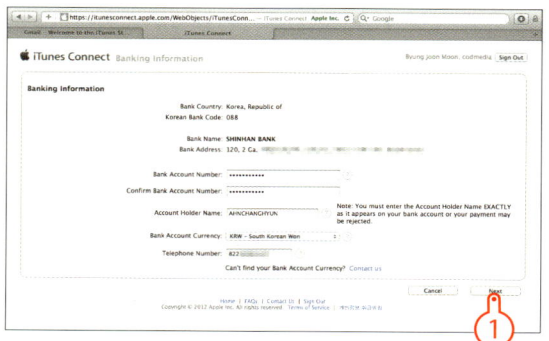 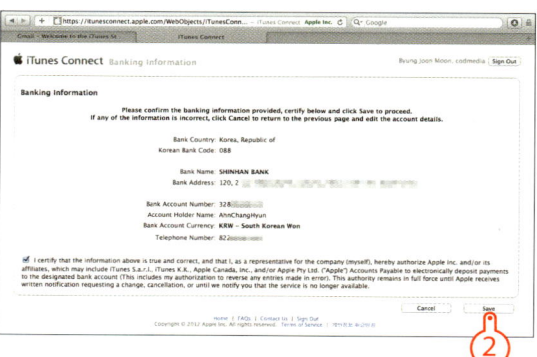

계좌번호와 전화번호는 대시를 포함하지 않고 입력합니다.

9 | [Choose Bank Account] 항목의 내림 버튼을 클릭한 후 앞에서 등록한 은행 계좌를 선택한 후 [Save] 버튼을 클릭합니다.

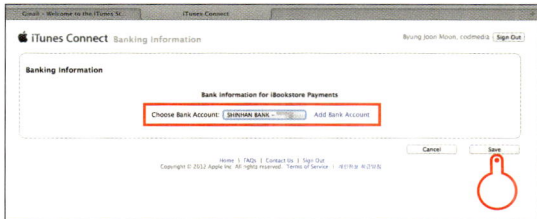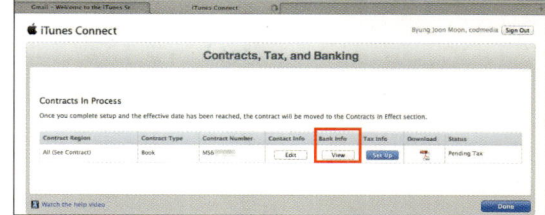

10 | [Contacts, Tax, and Banking] 페이지에서 [Tax Information] 항목의 [Set Up] 버튼을 클릭하면 나타나는 페이지에서 [U.S. Tax Forms] 항목의 [Set Up] 버튼을 클릭합니다.

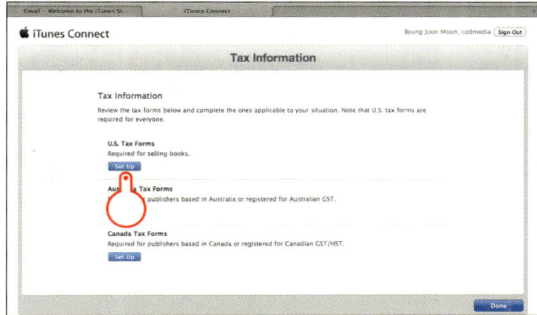

[Tax Information] 항목은 작성 후
수정이 불가능합니다.

11 | 세금 정보를 입력하는 페이지가 나타나면 항목에 맞게 내용을 작성한 후 [Confirm] 버튼을 클릭합니다. [Contacts, Tax, and Banking]에서 모든 항목을 작성했으면 [Done] 버튼을 클릭해서 설정을 완료합니다.

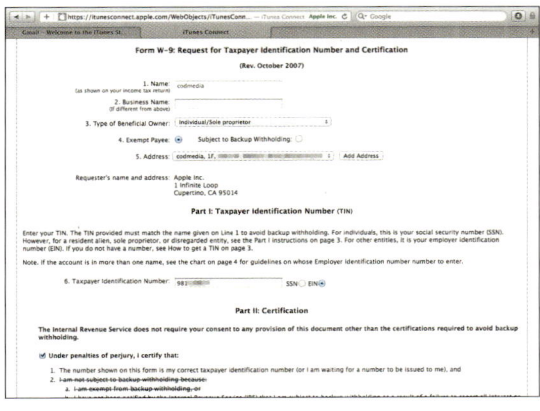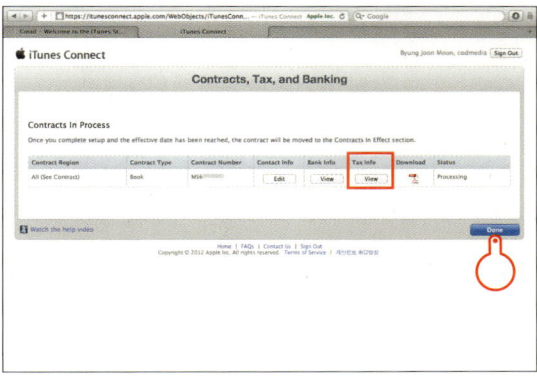

6번 항목에는 EIN 번호를 입력합니다.

독자들이 미리보는
샘플 책 생성하기

샘플 책은 독자들이 책을 구매하기 전에 일부를 미리 볼 수 있도록 제공됩니다. 아이북스 스토어에서 유료로 배포되는 책은 독자들이 미리보기 할 수 있는 샘플을 제공해야 합니다.

1 | 아이북스 오서에서 출판할 문서를 연 후 [파일]-[보내기...] 메뉴를 클릭합니다.

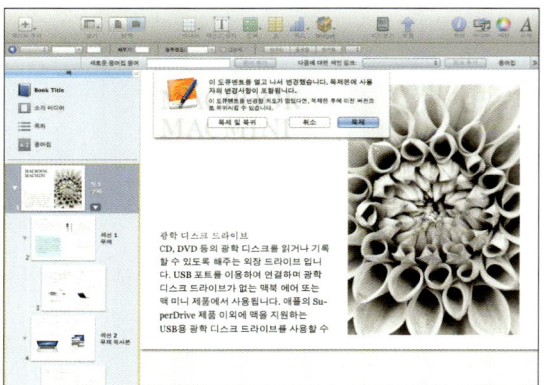 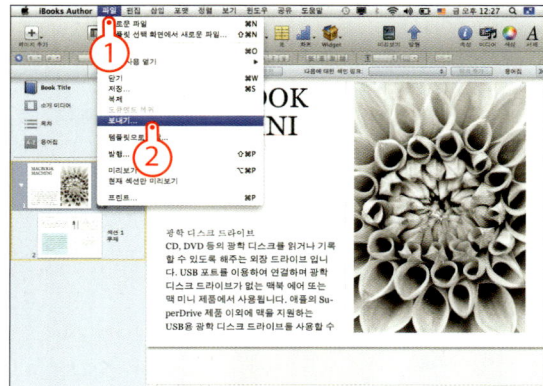

2 | 저장 방식에 [iBooks]를 선택하고 [다음...] 버튼을 클릭합니다. 파일 이름을 입력하고 [보내기] 버튼을 클릭합니다.

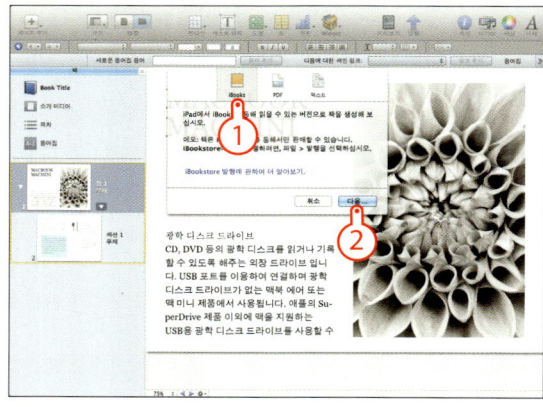 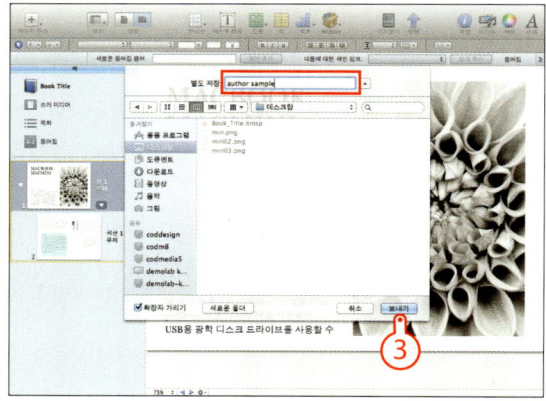

저장 방식에 [iBooks]를 선택해서 저장하면 'ibooks' 확장자를 갖는 샘플 책이 생성됩니다.

내 책 업로드하고
스토어에 판매하기

아이북스 오서로 제작한 도서를 스토어에서 판매하기 위해서는 애플사 서버에 업로드하고 심사를 받는 과정을 거쳐야합니다. 여기서는 아이튠즈 프로듀서를 이용하여 업로드하는 과정을 알아보겠습니다.

1 | [iTunes Producer] 프로그램을 실행한 다음 애플 계정으로 로그인합니다.

 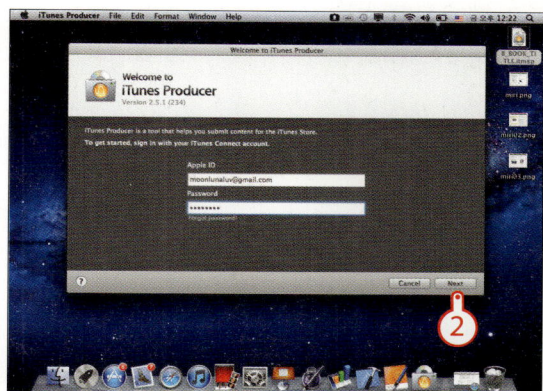

2 | [아이북스 오서]에서 출판할 문서를 연 후 [발행] 버튼을 클릭하면 나타나는 별도 저장 창에서 [발행] 버튼을 클릭합니다.

[발행]을 실행하면 'itmsp' 확장자를 가지는 파일로 저장되고 자동으로 [iTunes Producer] 프로그램이 실행됩니다.

전자책 출판 작업 PART 05

3 | [iTunes Producer] 프로그램이 실행되면 [Book] 탭을 클릭하고 하단의 [Info], [Categoris], [Authors] 탭을 클릭해서 도서 정보, 도서 장르 선택, 저자 정보를 입력합니다.

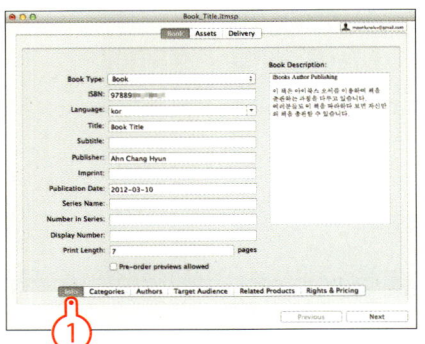 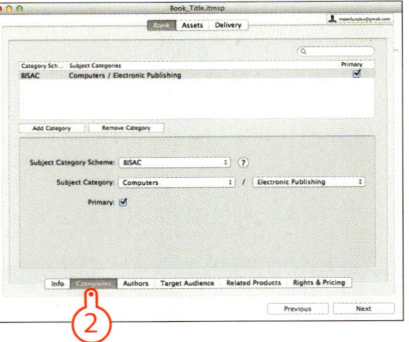

[ISBN]은 [한국문헌번호센터]에서 발급받은 ISBN을 입력합니다.

4 | [Target Audience] 탭을 클릭해서 도서 구매 대상을 선택하고 [Related Products] 탭을 클릭해서 관련 도서 정보를 입력합니다.

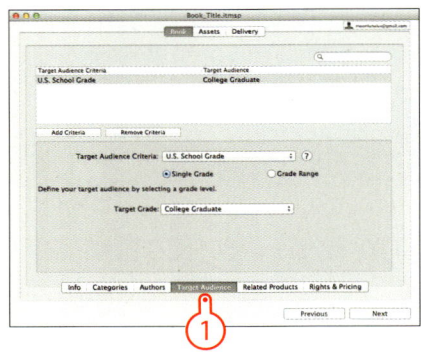 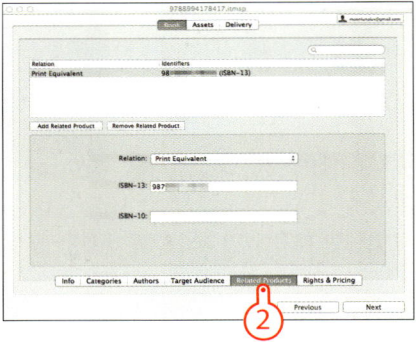

이 항목은 입력하지 않아도 발행이 가능합니다.

5 | [Rights & Pricing] 탭을 클릭한 다음 [Add Territory] 버튼을 클릭합니다. [Territory]에 판매 국가 선택, [Publication Type]에 출판 종류 선택, [Sale Start Date]에 판매 날짜 지정, [Pre-Order Start Date]에 예약 판매 날짜 지정, [Pyisical List Price]에 대략적인 판매 금액 입력, [Price Tier]의 내림 버튼을 클릭해서 판매 금액 선택합니다.

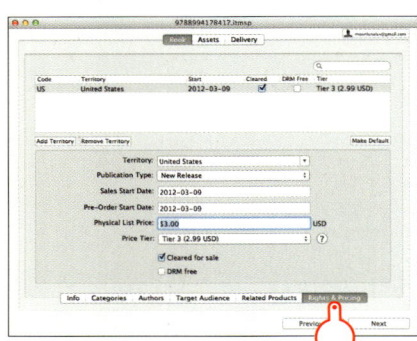 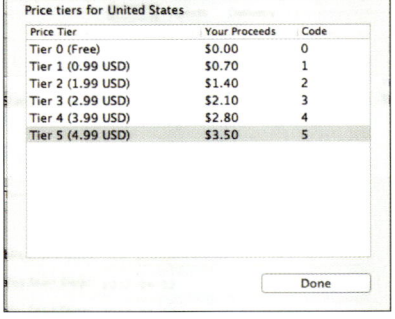

[Pyisical List Price]에 대략적인 판매 금액 입력해야 [Price Tier]에서 판매 금액을 선택할 수 있습니다. ⑦ 버튼을 누르면 자세한 금액 정보는 볼 수 있습니다.

6 | [Assets] 탭을 누른 다음 하단 메뉴에서 [Publication] 탭을 누릅니다. 아이북스 오서로 제작한 미리보기 데이터를 [Upload Publication Preview] 항목으로 드래그해서 등록합니다.

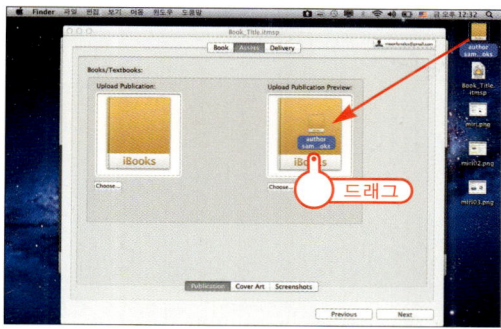

[Upload Publication]은 도서의 데이터를 올리는 항목으로 아이북스 오서에서 [발행]을 실행한 경우 이미 등록되어 있지만 다른 방법으로 진행하는 경우 별도로 데이터를 등록해주어야 합니다.

7 | [Assets] 탭에서 [Cover Art] 탭을 눌러 표지 이미지를 [Upload Cover Art] 항목으로 드래그해서 등록하고 [ScreenShots] 탭을 눌러 도서 내용에 관련된 이미지를 등록합니다.

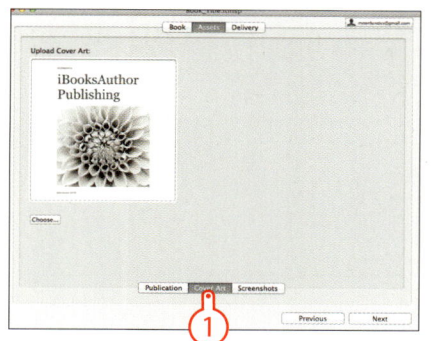
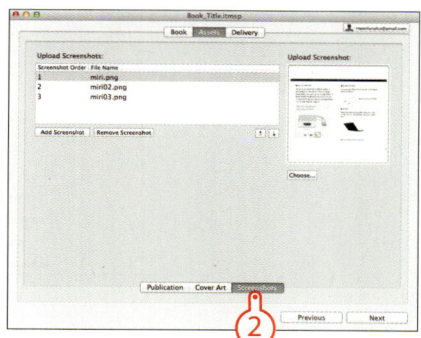

스크린 샷 이미지를 등록하지 않아도 발행이 가능합니다.

8 | [Delivery] 탭을 누르면 전자 도서의 문제점을 분석해서 알려줍니다. 문제가 없으면 [Deliver] 버튼을 클릭하여 제작한 도서를 업로드합니다.

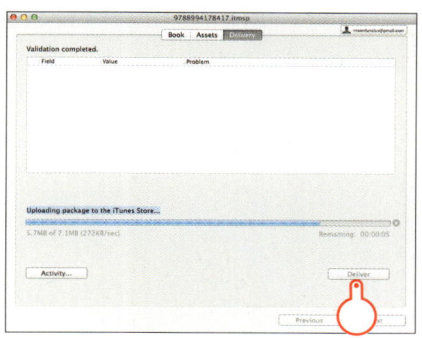
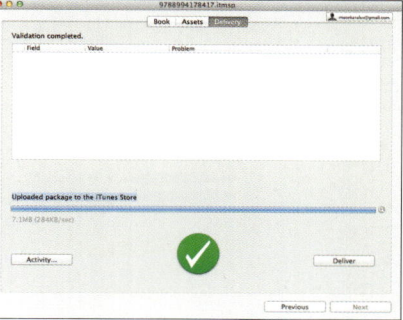

앞에서 필수 입력 요소로서 입력되지 않은 항목이 있을 경우 경고 메세지와 함께 알려줍니다.

9 | 업로드가 완료되면 [아이튠즈 커넥트] 홈페이지(http://itunesconnect.apple.com)에 접속한 다음 [Manage Your Books] 메뉴를 클릭해서 등록 유무를 확인할 수 있습니다.

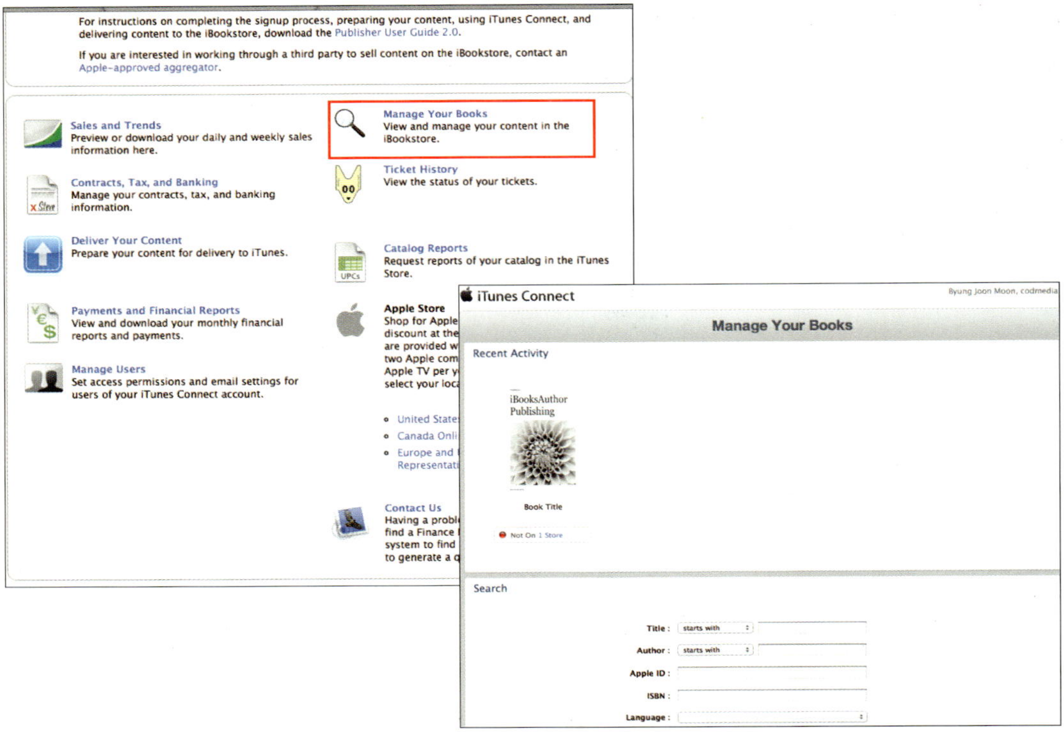

For instructions on completing the signup process, preparing your content, using iTunes Connect, and delivering content to the iBookstore, download the Publisher User Guide 2.0.

If you are interested in working through a third party to sell content on the iBookstore, contact an Apple-approved aggregator.

Sales and Trends
Preview or download your daily and weekly sales information here.

Manage Your Books
View and manage your content in the iBookstore.

Contracts, Tax, and Banking
Manage your contracts, tax, and banking information.

Ticket History
View the status of your tickets.

Deliver Your Content
Prepare your content for delivery to iTunes.

Catalog Reports
Request reports of your catalog in the iTunes Store.

Payments and Financial Reports
View and download your monthly financial reports and payments.

Apple Store
Shop for Apple discount at the are provided w two Apple com Apple TV per y select your loca

Manage Users
Set access permissions and email settings for users of your iTunes Connect account.

• United States
• Canada Onli
• Europe and Representati

Contact Us
Having a probl find a Finance system to find to generate a q

iTunes Connect   Byung Joon Moon, codmedia

Manage Your Books

Recent Activity

iBooksAuthor
Publishing

Book Title

● Not On 1 Store

Search

Title :	starts with ⬦	
Author :	starts with ⬦	
Apple ID :		
ISBN :		
Language :	⬦	

BOX | **업로드 완료 후의 과정**

도서를 업로드 하면 [iTunes Connect]의 도서 정보 창에서 [Status] 항목이 [Pending]으로 표시됩니다. 1~2주 정도 후에 애플사에서 심사가 끝나고 통과가 되면 [Ready for Sale] 상태가 되며 아이북스 스토어에 등록되어 판매됩니다.

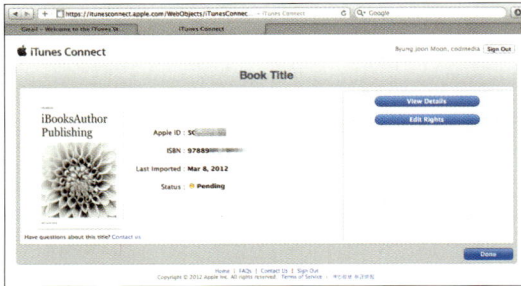

아이북스 오서 요약북

책 생성 관련

템플릿에서 새 책 생성하기
[파일] 〉 [템플릿 선택 화면에서 새로운 파일 선택] 메뉴 클릭 〉 템플릿 선택

기본 템플릿 설정하기
[iBooks Author] 〉 [환경설정] 메뉴 클릭 〉 [일반] 탭 〉 [새로운 도큐멘트에 대해]-[템플릿 사용] 항목 선택

장, 섹션, 페이지 추가하기
+. [페이지 추가] 버튼을 클릭 후 추가할 종류 선택

장 또는 섹션 삭제하기
삭제할 장 또는 섹션 목록을 오른쪽 클릭 후 [장 삭제] 또는 [섹션 삭제] 선택

장 또는 섹션 위치 조절
• 장 또는 섹션을 클릭한 후 이동할 위치로 드래그
• 페이지는 이동 불가능

목차 리스트 편집
• 목차 페이지에 나타나게 할 내용 편집
• ⓘ [속성] 〉 [도큐멘트 속성] 탭 〉 [목차] 탭 〉 목차 리스트 편집

목차에서 페이지 번호 표시하기
ⓘ [속성] 〉 [도큐멘트 속성] 탭 〉 [목차] 탭 〉 [목차에서 페이지 번호 보기] 항목 체크

각종 항목 보기
[보기] 메뉴 〉 보이게 할 항목(책 개요, 용어집 도구 막대, 스타일 상자, 레이아웃 보기, 포맷 막대, 눈금자, 레이아웃 경계 보기) 선택

용어집 항목 추가하기
추가할 단어 앞을 클릭 〉 용어집 도구 막대에서 [용어 추가] 버튼 클릭

용어에 다른 사례를 링크 걸기
추가할 단어 앞을 클릭 〉 용어집 도구 막대의 [다음에 대한 색인 링크]에서 등록된 용어에서 링크를 걸 용어를 선택 〉 [용어 추가] 클릭

Pages 또는 Word 도큐멘트 가져오기
• [삽입] 〉 [Pages 또는 Word 도큐멘트로부터의 장...] 메뉴를 클릭 〉 추가할 문서를 선택
• [Finder]에서 문서를 추가할 페이지로 드래그

도큐멘트 저장하기
• 작업한 문서를 아이북스 오서 문서(*.iba)로 저장
• [파일] 〉 [저장] 메뉴를 클릭

도큐멘트 불러오기
[파일] 〉 [열기] 메뉴를 클릭

도큐멘트 버전 탐색하기
• 문서에 대한 버전별 문서들을 검색합니다.
• 제목 표시줄에서 문서 제목을 클릭 〉 제목 옆의 ▼ 버튼을 클릭 〉 [모든 버전 탐색]을 클릭

페이지 설정 관련

페이지에서 열의 수 변경하기
문서에서 빈 부분을 클릭 〉 포맷 막대에서 ▥ 버튼을 클릭 〉 열의 수 선택

열 또는 페이지 나누기 삽입하기
• 커서가 있는 위치를 중심으로 뒤의 내용을 다음 열 또는 페이지로 이동합니다.
• [삽입] 〉 [열 나누기] 또는 [페이지 나누기] 메뉴를 클릭

열 또는 페이지 나누기 삭제하기
추가한 열 또는 페이지의 첫 행을 클릭한 후 delete 를 눌러 열 또는 페이지 삭제

섹션 또는 페이지 번호 변경하기
ⓘ [속성] 〉 [레이아웃 속성] 탭 〉 [번호 매기기]를 클릭 후 번호 설정

책 정보 보기
• 도서에 대한 페이지, 이미지 수 등의 정보를 확인
• ⓘ [속성] 〉 [도큐멘트 속성] 탭 〉 [도큐멘트]

책을 가로 방향으로 고정하기
ⓘ [속성] 〉 [도큐멘트 속성] 탭 〉 [도큐멘트] 〉 [세로 방향 비활성화] 항목 체크

도큐멘트 암호 설정하기
ⓘ [속성] 〉 [도큐멘트 속성] 〉 [도큐멘트] 탭 〉 [열 때 암호 필요] 항목 체크한 후 암호 지정

새로운 템플릿 만들기
• 현재 작업한 문서를 새로운 템플릿 목록을 저장
• [파일] 〉 [템플릿으로 저장] 메뉴를 클릭

사용자 설정 템플릿 삭제하기
[Finder]에서 템플릿 폴더(~/Library/Application Support/iBooks Author/Template/My Templates)로 이동 한 후 템플릿 파일을 삭제

레이아웃 수정하기
[보기] 〉 [레이아웃 보기] 메뉴를 클릭 〉 편집할 레이아웃을 선택한 후 수정 〉 레이아웃 목록에서 [변경사항 적용] 버튼을 클릭

텍스트 관련

텍스트에 스타일 적용하기
텍스트 선택 〉 ⓞ 버튼 클릭 〉 적용할 스타일 목록 선택

새로운 스타일 생성하기
텍스트에 스타일을 설정 〉 스타일 상자에서 +. 버튼을 클릭 〉 새 스타일 이름으로 저장

문자 스타일 복사하고 붙이기
• 특정 문자의 스타일을 복사해서 다른 문자에 스타일을 적용합니다.
• 스타일을 복사할 문자를 클릭 〉 [포맷] 〉 [문자 스타일 복사]을 클릭
• 스타일을 적용할 문자 선택 〉 [포맷] 〉 [문자 스타일 붙이기]를 클릭

아이보스 오서 요약본

대상체 주위에 텍스트 둘러싸기
- 대상체를 텍스트와 함께 배치할 때 기본 속성을 설정합니다.
- ⓘ [속성] 〉 [줄바꿈 속성] 〉 [대상체를 기준으로 줄바꿈]

목록 구분점, 번호 표시하기
- 여러 개의 항목을 표시할 때 항목 앞에 구분점, 번호를 표시합니다.
- 목록을 선택 〉 포맷 막대에서 ☰▾ 버튼을 눌러 구분점 및 번호 매기기에서 목록을 선택

하이퍼 링크 생성하기
ⓘ [속성] 〉 [링크 속성] 탭 〉 [하이퍼링크로 활성화] 항목을 체크 후 링크 속성 설정

책갈피 추가하기
책갈피로 등록할 요소를 선택 〉 ⓘ [속성] 〉 [링크 속성] 탭 〉 [책갈피] 탭 〉 추가 버튼 클릭해서 책갈피 등록

탭 추가하기
- 탭 추가 : 텍스트를 선택 〉 눈금자 막대 클릭
- 탭 삭제 : 탭을 눈금자 밖으로 드래그

탭 속성 변경하기
탭 기호를 더블클릭해서 탭 속성 변경

특수 문자나 기호 삽입하기
상단 메뉴 〉 편집 〉 특수문자

텍스트 필드에 장 또는 섹션 제목 삽입하기
[삽입] 메뉴에서 [섹션 제목], [섹션 번호], [페이지 번호], [페이지 수]를 클릭해서 해당 정보 표시

영문 철자가 틀린 단어 찾기
[편집] 〉 [영문 철자] 〉 [영문 철자 검사] 메뉴를 클릭

텍스트 찾기
[편집] 〉 [찾기] 〉 [찾기] 메뉴 클릭 〉 [찾기] 글상자에 검색어 입력하고 [다음] 버튼 클릭

대상체 관련

대상체와 텍스트의 배치 속성 변경하기
ⓘ [속성] 〉 [줄바꿈 속성] 탭 〉 [대상체 배치] 항목에 배치 속성 설정

대상체 그룹화하기
- 그룹 : 그룹할 대상체 선택 〉 [정렬] 〉 [그룹]
- 그룹 해제 : 그룹할 대상체 선택 〉 [정렬] 〉 [그룹 해제]

대상체 배치 조절하기
대상체 선택 〉 [정렬] 〉 [앞으로 가져오기], [맨 앞으로 가져오기], [뒤로 보내기], [맨뒤로 보내기]] 중 선택

대상체 잠그기
- 잠그기 : 대상체 선택 〉 [정렬] 〉 [잠금]
- 해제 : 대상체 선택 〉 [정렬] 〉 [잠금 해제]

정렬 안내선 추가 및 수정하기
눈금자에서 페이지로 드래그해서 안내선 추가

정렬 안내선 위치 고정하기
[보기] 〉 [안내선 고정] 메뉴 클릭

서로 관련시켜 대상체 정렬하기
대상체 선택 〉 [정렬] 〉 [대상체 정렬] 또는 [대상체 배열]에서 정렬 설정

좌표를 이용하여 대상체 위치 지정하기
ⓘ [속성] 〉 [측정기 속성] 탭 〉 [위치] 항목에서 위치 지정

대상체 테두리 변경하기
ⓘ [속성] 〉 [그래픽 속성] 탭 〉 [선] 항목에서 테두리 속성 설정

대상체 중앙에서부터 크기 변경하기
- 대상체의 중앙에서부터 사방으로 크기를 확대 또는 축소합니다.
- option 을 누른 상태에서 대상체의 조절점을 드래그해서 크기 조절

비율 유지 크기 변경하기
shift 를 누른 상태에서 대상체의 조절점을 드래그해서 크기 조절

수치로 대상체 크기 조절하기
대상체 선택 〉 ⓘ [속성] 〉 [측정기 속성] 탭 〉 [크기] 항목에서 너비와 높이 지정

대상체 원래 크기로 되돌리기
ⓘ [속성] 〉 [측정기 속성] 탭 〉 [원래 크기] 버튼 클릭

대상체 뒤집기
[정렬] 〉 [가로로 뒤집기] 또는 [세로로 뒤집기]로 대상체 뒤집기

대상체 회전하기
command 를 누른 상태에서 대상체의 조절점을 드래그해서 회전

대상체 속성
- 그림자 추가하기 : ⓘ [속성] 〉 [그래픽 속성] 탭 〉 [그림자] 항목 체크 〉 그림자 속성 설정
- 불투명도 변경 : ⓘ [속성] 〉 [그래픽 속성] 탭 〉 [불투명도]의 게이지 조정
- 색상 또는 채우기 : ⓘ [속성] 〉 [그래픽 속성] 탭 〉 [채우기] 항목의 내림 버튼을 클릭해서 채우기 종류 설정

대상체 제목, 꼬리표 또는 설명 추가하기
ⓘ [속성] 〉 [Widget 속성] 탭 〉 [레이아웃] 탭에서 표시할 설명 선택